AF636822

Phänomenologie zur Einführung

Ferdinand Fellmann

Phänomenologie zur Einführung

JUNIUS

Wissenschaftlicher Beirat
Michael Hagner, Zürich
Dieter Thomä, St. Gallen
Cornelia Vismann, Weimar †

Junius Verlag GmbH
Stresemannstraße 375
22761 Hamburg

© 2006 by Junius Verlag GmbH
Alle Rechte vorbehalten
Umschlaggestaltung: Florian Zietz
Titelbild: René Magritte, La condition
humaine II, © VG Bild-Kunst, Bonn 2006
Satz: Junius Verlag GmbH
Printed in the EU 2020
ISBN 978-3-88506-744-3
4., korrigierte Aufl. 2020

Bibliografische Information der Deutschen Nationalbibliothek
Die Deutsche Nationalbibliothek verzeichnet diese Publikation in der
Deutschen Nationalbibliografie; detaillierte bibliografische Daten
sind im Internet über http://dnb.dnb.de abrufbar.

Inhalt

Zur Einführung …

… hat diese Taschenbuchreihe seit ihrer Gründung 1978 gedient. Zunächst als sozialistische Initiative gestartet, die philosophisches Wissen allgemein zugänglich machen und so den Marsch durch die Institutionen theoretisch ausrüsten sollte, wurden die Bände in den achtziger Jahren zu einem verlässlichen Leitfaden durch das Labyrinth der neuen Unübersichtlichkeit. Mit der Kombination von Wissensvermittlung und kritischer Analyse haben die Junius-Bände stilbildend gewirkt.

Von Zeit zu Zeit müssen im ausufernden Gebiet der Wissenschaften neue Wegweiser aufgestellt werden. Teile der Geisteswissenschaften haben sich als Kulturwissenschaften reformiert und neue Fächer und Schwerpunkte wie Medienwissenschaften, Wissenschaftsgeschichte oder Bildwissenschaften hervorgebracht; auch im Verhältnis zu den Naturwissenschaften sind die traditionellen Kernfächer der Geistes- und Sozialwissenschaften neuen Herausforderungen ausgesetzt. Diese Veränderungen sind nicht bloß Rochaden auf dem Schachbrett der akademischen Disziplinen. Sie tragen vielmehr grundlegenden Transformationen in der Genealogie, Anordnung und Geltung des Wissens Rechnung. Angesichts dieser Prozesse besteht die Aufgabe der Einführungsreihe darin, regelmäßig, kompetent und anschaulich Inventur zu halten.

Zur Einführung ist für Leute geschrieben, denen daran gelegen ist, sich über bekannte und manchmal weniger bekannte Autor(inn)en und Themen zu orientieren. Sie wollen klassische

Fragen in neuem Licht und neue Forschungsfelder in gültiger Form dargestellt sehen.

Zur Einführung ist von Leuten geschrieben, die nicht nur einen souveränen Überblick geben, sondern ihren eigenen Standpunkt markieren. Vermittlung heißt nicht Verwässerung, Repräsentativität nicht Vollständigkeit. Die Autorinnen und Autoren der Reihe haben eine eigene Perspektive auf ihren Gegenstand, und ihre Handschrift ist in den einzelnen Bänden deutlich erkennbar.

Zur Einführung ist in verstärktem Maß ein Ort für Themen, die unter dem weiten Mantel der Kulturwissenschaften Platz haben und exemplarisch zeigen, was das Denken heute jenseits der Naturwissenschaften zu leisten vermag.

Zur Einführung bleibt seinem ursprünglichen Konzept treu, indem es die Zirkulation von Ideen, Erkenntnissen und Wissen befördert.

Michael Hagner
Dieter Thomä
Cornelia Vismann

Einleitung: Annäherungen an die phänomenologische Philosophie

»Phänomenologie« ist der Name, den Edmund Husserl (1859-1939) seiner Forschungsrichtung gegeben hat, die zu den Hauptströmungen der deutschen Philosophie des 20. Jahrhunderts gehört. Phänomenologisches Philosophieren umfasst neben ihrem Gründer eine Reihe von bedeutenden Denkern wie Max Scheler, Martin Heidegger, Maurice Merleau-Ponty, Jean-Paul Sartre, Emmanuel Lévinas und Jacques Derrida, um nur die bekanntesten zu nennen. Alle nehmen ihren Ausgangpunkt von Husserls Schriften, die zu seinen Lebzeiten nur zu einem kleinen Teil in Buchform erschienen sind. Der weitaus größte Teil liegt in Form von Forschungsmanuskripten vor, die im Husserl-Archiv an der Universität von Louvain aufbewahrt und seit 1950 in der Reihe »Husserliana« (Hua) veröffentlicht werden. Bemerkenswert daran ist, dass Husserls im streng akademischen Stil verfasste Schriften eine unversiegbare Quelle für unakademische Geistesströmungen wie z.B. den Existentialismus geworden sind. Auch marxistische Denker hat er zur Auseinandersetzung animiert. Die Breitenwirkung weist darauf hin, dass die Phänomenologie mehr ist als ein System oder eine Schule; sie ist eine Denk-, sogar eine Lebensform, die auch dort wirksam ist, wo ihr Name nicht genannt wird. Daher hat man schon früh von »phänomenologischer Bewegung« gesprochen, eine Bezeichnung, die den Universalitätsanspruch des phänomenologischen Geistes treffend kennzeichnet. Über die Fachgrenzen hinaus hat die Phänomenologie insbesondere in der Literaturwissenschaft, auch in der literarischen Prosa selbst, die Sichtweise der Welt geprägt.

Der Name »Phänomenologie« lässt an Hegels *Phänomenologie des Geistes* denken, in der Sache aber hat Husserls phänomenologische Philosophie wenig mit der Systemphilosophie des Deutschen Idealismus zu tun. Husserl bewegt sich in der Tradition der philosophischen Psychologie des 19. Jahrhunderts, die, dem Empirismus und Positivismus verpflichtet, vom »Satz der Phänomenalität« ausgeht. Dieser Satz ist eine Umformulierung von Karl Leonhard Reinholds »Satz des Bewußtseins« und besagt: Alle Erfahrung steht unter der Bedingung, Tatsache eines Bewusstseins zu sein. Phänomenologie geht demnach immer vom subjektiven Erleben aus, von den »Gegebenheitsweisen« der Erfahrungsgegenstände. Anders als der transzendentale Idealismus Kants betrachtet Husserl die Welt der Erscheinungen, wie sie dem Menschen in der natürlichen Erfahrung noch vor ihrer begrifflichen Codierung gegeben sind. Damit werden die Gegenstände ihrer Festigkeit, ihres An-sich-seins beraubt und auf Erfahrungsprozesse zurückgeführt, deren Gesetze zu erforschen Hauptaufgabe der Phänomenologie ist.

Wegen eines möglichen phänomenalistischen oder sogar fiktionalistischen Missverständnisses haben Kritiker schon früh die Bezeichnung der Bewusstseinsinhalte als »Phänomene« für unzweckmäßig erachtet. Aber das hat Husserl nicht von seinem Sprachgebrauch abbringen können. Er fasst Phänomenalität nicht subjektivistisch im Sinne George Berkeleys auf, er stellt »Phänomen« also nicht als trügerischen Schein der Wirklichkeit gegenüber. Den Phänomenen ist ein Wahrheitsbezug wesentlich, der sich für Husserl aus der unhintergehbaren Evidenz des Selbstbewusstseins ergibt. Bei aller Hochschätzung der sinnlichen Anschauung vertritt er zugleich einen strengen Rationalismus cartesischer Prägung, der auch dem Apriorismus Kants nahe steht. Allerdings hat der Phänomenbegriff bei Husserls Schülern, insbesondere bei Martin Heidegger, abweichende Interpretationen erfahren. Aber selbst als die Bezeichnung »Phänomenologie« aufgegeben wurde, hat sich die Grundauffassung der phänomenologischen Forschung, dass nur die Anschauung wahre Erkenntnis rechtfertigen kann, bis heute gehalten.

Historische Distanz

Eine Annäherung an die phänomenologische Philosophie ist paradoxerweise nur möglich, wenn man die historische Distanz reflektiert, die den Umgang mit Husserls Texten nicht leicht macht. Der heutige Leser fühlt sich in die geistige Welt eines sich selbst genügenden Gelehrten versetzt. Das liegt zunächst an der eigenwilligen Terminologie, besonders aber am emphatischen Stil, der sachliche Erörterungen immer mit dem Selbstverständnis des Philosophen in Verbindung bringt. Husserls Überzeugung, dass er ohne die Lösung letzter Fragen »wahr und wahrhaftig nicht leben« könne (Hua II, VIII), gibt seinen Ausführungen eine existentielle Dringlichkeit, die auf seine Zeitgenossen große Faszination ausgeübt hat. Heideggers Schriften haben diesen Eindruck noch verstärkt. Transatlantischen Beobachtern dagegen kam der Freiburger Stil schon früh als »Pompositát und Wichtigtuerei« vor. Wer sich der Phänomenologie annähern will, kommt daher nicht umhin, sich mit einer ziemlich scholastisch anmutenden Terminologie vertraut zu machen. Zum Glück gibt es inzwischen ein vortreffliches Hilfsmittel: das von dem Wiener Phänomenologen Helmuth Vetter herausgegebene *Wörterbuch der phänomenologischen Begriffe* (2005), in dem die Termini erklärt und die Stellen in den Originaltexten angegeben werden.

Auch an die Problemstellungen muss sich der Leser gewöhnen. Husserls Denken ist von der Forderung nach absoluten Evidenzen geprägt. Diese findet er in der »Intuition« als einer rein anschaulichen Erkenntnisform. Nur sie erfülle die Forderung der »Radikalität«, d.h. der durch Begriffe nicht hintergehbaren Gegebenheit. In zahlreichen Darstellungen der Phänomenologie als »Erste Philosophie« oder als »strenge Wissenschaft« gehört »radikal« zu den am häufigsten gebrauchten Ausdrücken. Damit bezeichnet Husserl einen absoluten Anfang des Denkens, den er auch »Urstiftung« nennt. Er ist der Meinung, dass es ohne eine derartige Grundlegung keinen sachlichen Fortschritt des Philosophierens geben könne. Philosophie hat so für ihn den Status einer »Grundwissenschaft«, einer universalen Wissenschaftslehre, so wie sie gegenüber Kant von Fichte vertreten wurde. Hypothesenbildung wird dagegen als bloße Kunstlehre abgetan. Husserls Ideal ist eine in der Anschauung fundierte »Logik der Wahrheit«, die der orientierungspraktisch ausgerichteten »Logik der Konsequenz« den Rang abläuft.

Vergleicht man diese Grundeinstellung mit dem gegenwärtigen Denken, so könnte die Differenz kaum größer sein. Philosophie hat heutzutage ihre Geltungsansprüche deutlich zurückgefahren. Statt nach Ursprüngen zu suchen, dominiert die pragmatische Orientierung an den Folgen. Damit verliert auch die Wahrheit ihren Absolutheitsanspruch. Diese Entwicklung ergibt sich daraus, dass sich der wissenschaftliche Wissenszuwachs zu einem Prozess verselbständigt hat, der von der Klärung seiner Voraussetzungen weitgehend abgekoppelt ist. In der modernen Wissensgesellschaft geht es daher eher um die Fragen, was Wissen ist und wie wir mit dem Wissen umgehen sollen. Folglich wird die Grenze zwischen philosophischer und fachwissenschaftlicher Rationalität nicht mehr so streng gezogen; apriorische Erkenntnisse und empirische Analysen durchdringen einander.

Angesichts der modernen Denkformenverschiebung verwundert es nicht, dass die Phänomenologie in den letzten Jahrzehnten an Zustimmung verloren hat. Verglichen mit der Ausstrahlung, die sie zu Husserls Lebzeiten hatte, führt sie heute ein eher bescheidenes akademisches Randdasein. So wurde beispielsweise in den ersten fünfzehn Jahren nach der Wende kein Lehrstuhl an den Universitäten der neuen Bundesländer mit einem Phänomenologen besetzt. Lohnt sich unter diesen Umständen überhaupt noch eine Beschäftigung mit der Phänomenologie? Verspricht sie Antworten auf Fragen, die den philosophischen Geist gegenwärtig bewegen? Um hierauf eine positive Antwort zu geben, kommt man nicht umhin, Husserls Texte streckenweise gegen den Strich zu lesen. Das ist auch deshalb nötig, weil die Enkelgeneration sein Erbe vornehmlich akademisch verwaltet hat und sich vom Bann seiner Terminologie kaum lösen konnte. Erst wenn es gelingt, die zeitbedingte Hülle zu sprengen, treten auch die ursprünglichen und unvergänglichen Einsichten hervor, die eine Beschäftigung mit der Phänomenologie heute mehr denn je lohnenswert erscheinen lassen.

Verhältnis zu den Hauptströmungen der Gegenwartsphilosophie

Was in der Phänomenologie an fruchtbaren Gedanken steckt, lässt sich am ehesten im Vergleich mit gegenwärtigen Hauptströmungen der Philosophie verdeutlichen. Alle gehen auf Distanz zur »transzendentalen Letztbegründung«, aber das schließt nicht aus, dass es unterschwellige Verbindungen gibt, die nicht nur sachlich, sondern auch historisch belegbar sind. Selbst bei sprachanalytischen Denkern, die sich explizit gegen Husserl wenden, wie beispielsweise Gilbert Ryle (1900-1976), ist der phänomenologische Ansatz nie ganz verschwunden, er hat im Hintergrund immer gewirkt. Insofern überrascht es nicht, dass in allerneuester Zeit auf verschiedenen Seiten eine Rückwendung zur Phänomenologie zu beobachten ist, die freilich nur dann weiterführt, wenn die Phänomenologie selbst neue Wege beschreitet.

Unter den Konkurrenten ist an erster Stelle der Neukantianismus zu nennen, der vermittelt durch Ernst Cassirers *Philosophie der symbolischen Formen* (1923/29) im akademischen Betrieb nach wie vor eine bedeutende Stelle einnimmt. Der Neukantianismus versteht Erkenntnis als endgültige Überwindung der positivistischen Orientierung am Gegebenen und sieht daher in der Phänomenologie einen Rückfall in den Empirismus. Diese Einschätzung übersieht, dass die Konkurrenz zwischen Phänomenologie und Neukantianismus eher die zweier feindlicher Brüder ist, da Husserl durch seinen Ausgangspunkt vom cartesischen *Cogito* auf der Linie der rationalistischen Subjektphilosophie liegt. So ist es auch nicht verwunderlich, dass Husserl selbst sich von seinen positivistischen Anfängen entfernt und dem transzendentalen Idealismus der Neukantianer angenähert hat. Umgekehrt hat das Schulhaupt des südwestdeutschen Kantianismus, Heinrich Rickert (1863-1936), in seinen späten Jahren eine deutliche Wende zum intuitionistischen Denken vollzogen. Hier gibt es also Affinitäten, die auch heute noch Perspektiven für eine wechselseitige Durchdringung beider Denkströmungen eröffnen.

Ähnlich liegen die Dinge im Verhältnis zur Hermeneutik, der anderen dominierenden Strömung der deutschen Gegenwartsphilosophie, die mit dem Namen Hans-Georg Gadamer (1900-2002) verbunden ist und als deren Begründer Wilhelm Dilthey (1833-1911) gilt. Husserl hat sich polemisch von Diltheys Historismus distanziert, aber schon Heidegger hat in *Sein und Zeit*

(1927) Diltheys Begriff der Geschichtlichkeit in die phänomenologische Daseinsanalyse integriert, die nun »Hermeneutik der Faktizität« heißt. Als treuer Schüler Heideggers distanziert sich auch Gadamer vom cartesischen Methodenideal Husserls und von der rein erkenntnistheoretischen Fragestellung. Sein Begriff der Wahrheit orientiert sich an der ästhetischen Erfahrung, die im Kunstwerk den rein subjektiven Standpunkt immer schon überwunden hat. Das gilt auch für die Sprache als dem bevorzugten Medium der hermeneutischen Erfahrung.

Trotz der Entfernung der philosophischen Hermeneutik von Husserls Konzentration auf das gegenständliche Erkennen bleiben doch Gemeinsamkeiten, die Gadamer dazu bewogen haben, in *Wahrheit und Methode* (1960) dem späten Husserl eine systematisch bedeutsame Stelle einzuräumen. Husserls Leistung liege in der Dynamisierung der platonischen Ideen sowie in der damit verbundenen Ausweitung des Erlebens auf die Intersubjektivität und ihre lebensweltlichen Erscheinungsformen. In diesem Sinne können auch moderne, mehr pragmatisch ausgerichtete Weiterentwicklungen der Hermeneutik, wie sie etwa Matthias Jung in seiner *Hermeneutik zur Einführung* (2001) vertritt, von der Begegnung mit der Phänomenologie durchaus profitieren.

Die modernen Wissenschaftstheorien mit ihren falsifikationistischen Modellen der Hypothesen- und Paradigmenbildung können mit Husserls Apriorismus der Anschauung wenig anfangen. Aber im Hinblick auf die Einschätzung der natürlichen Erfahrung als Ausgangspunkt wissenschaftlicher Theorien gibt es doch Gemeinsamkeiten. So hält Karl R. Popper (1902-1994) trotz seiner Rekonstruktion des wissenschaftlichen Erkenntnisprozesses »von oben« die lebensweltliche Problemstellung für die treibende Kraft in der Logik der Forschung. Noch stärker tritt die Affinität zur Phänomenologie in der konstruktiven Wissenschaftstheorie der »Erlanger Schule« hervor, die beim schrittweisen und zirkelfreien Aufbau von Wissenschaft den phänomenologischen Ansatz bei der natürlichen Erfahrung aufnimmt. Wenn sie auch an die Stelle der Konstitutionslehre Husserls das Prinzip der pragmatisch-operationalen Konstruktion setzt, so kommt ihr begründungstheoretischer Methodologismus nicht ganz ohne intuitionistische Elemente aus. Selbst der »radikale Konstruktivismus«, der mit Ernst von Glasersfeld und Heinz von Foerster in den 1980er Jahren seinen modischen Höhepunkt erreichte, ist nicht so radikal, wie er sich gibt. Konstrukt und Phänomen lassen sich gerade in evolutionsbiologischen Beschreibungen nicht trennen. Auch der in der Literaturwissenschaft durch Siegfried J. Schmidt propagierte Konstruktivismus hat sich in jüngster Zeit der Narrativität als selbständiger Form der Sinnbildung angenommen und damit Anschluss an die phänomenologische Daseinsanalyse Heideggers gefunden.

Komplizierter ist das Verhältnis der Sozialphilosophie zur Phänomenologie. Husserl selbst hatte keinen Draht zu Problemen der Vergesellschaftung, und auch der Geist der Dialektik blieb ihm fremd. Max Weber und Marx finden in seinem Werk kaum Erwähnung. Das hat aber Vertreter der Sozialwissenschaften nicht davon abgehalten, den Aufbau der gesellschaftlichen Welt im Anschluss an Husserls Konstitutionslehre zu rekonstruieren. Alfred Schütz (1899-1959) hat an der New School for Social Research in New York eine phänomenologische Variante der verstehenden Soziologie des Alltags entwickelt. Diese Richtung ist zwar von Seiten des dialektischen Materialismus scharf kritisiert worden. Auch die Frankfurter Schule, insbesondere Theodor W. Adorno, hat in den 1950er Jahren eine scharfe Grenze zwischen der »Kritischen Theorie« und der phänomenologischen Wissenssoziologie gezogen. Das konnte aber nicht verhindern, dass es später Annäherungen von beiden Seiten gab. Jürgen Habermas, der sich in seiner Vorlesung *Erkenntnis und*

Interesse (1965) noch deutlich von Husserls Ideal der reinen Theorie absetzt, hat die Wende zur Lebenswelt später als Brücke zur Theorie kommunikativen Handelns benutzt.

Schließlich ist das Verhältnis des sprachanalytischen Denkens zur Phänomenologie zu nennen. Prominente Vertreter der analytischen Philosophie in Deutschland wie Ernst Tugendhat haben die Phänomenologie als »Mentalismus« zurückgewiesen und ihre Brauchbarkeit für das Verständnis der sprachlichen Welterschließung vehement bestritten. Aber auch hier ist die Grenze keineswegs so undurchdringlich, wie es auf den ersten Blick den Anschein hat. Immerhin haben historische Untersuchungen gezeigt, dass es einen gemeinsamen Ursprung von Sprachphilosophie und Phänomenologie gibt, der von beiden Richtungen vergessen oder besser verdrängt worden ist. Immerhin geht es hier wie dort um die Frage, was Bedeutungen sind und wie sie entstehen. Allerdings sind die orthodoxen Vertreter beider Seiten immer noch weit von der Einsicht entfernt, dass Sprachanalyse und Phänomenologie sich gegenseitig ergänzen. Das haben progressive Sprachanalytiker mittlerweile eingesehen. Die lange Zeit verpönte Phänomenologie erfährt im Rahmen einer postanalytischen »Philosophie des Geistes« eine deutliche Aufwertung. Das phänomenale Bewusstsein mit seinen Qualitäten, die in der Philosophie des Geistes »Qualia« genannt werden, aber auch Darstellungsformen wie Beschreibung und Erzählung werden wieder als Gegenstände philosophischer Reflexion anerkannt und in Erwägung gezogen.

Leider ist nicht zu übersehen, dass die Annäherungsversuche an die Phänomenologie seitens der Sprachanalytiker unter einem Vorbehalt erfolgen: Den Sätzen kommt ihnen zufolge gegenüber den Erlebnissen der Primat zu, die Welt sei also unhintergehbar sprachlich erschlossen. Nur weise die Sprache als universales Bezugssystem Lücken auf, die von der Phänomenologie geschlossen werden können. Die unmittelbaren Gegebenheiten des Bewusstseins bilden gleichsam »Inseln« im Meer der symbolischen Formen und Funktionen, mit denen der Mensch seine Welt konstruiert. Für die Phänomenologen ist dieses Angebot natürlich unakzeptabel. Sie müssen darauf bestehen, dass Bewusstseinszustände nicht primär propositionaler Natur sind. Auch die sinnliche Wahrnehmung liefert vorprädikativ schon Bedeutungen und hat damit eine welterschließende Funktion. Das berühmte »Sehen-als«, das Ludwig Wittgenstein an den Sprachgebrauch bindet, lässt sich auch vorsprachlich beschreiben. Sinnverstehen verläuft nach allgemeinen Erfahrungsmustern, die von der Alltagspsychologie festgehalten werden und die auch das Verstehen anderer Menschen ermöglichen. Sicherlich verleihen die symbolischen Formen der Sprache dem menschlichen Bewusstseinsleben Klarheit und Konstanz, sie können sich aber auch verselbständigen und bedürfen immer wieder der Rückbindung an die Erlebnissubjektivität, um in einem existentiellen Sinne verständlich zu bleiben. Insofern gilt: Sprachanalyse ohne Phänomenologie ist blind, Phänomenologie ohne Sprachanalyse ist taub.

Phenomenology still matters

Nach diesem kursorischen Überblick über die Stellung der Phänomenologie in den Konstellationen gegenwärtigen Philosophierens dürfte klar sein: Die Phänomenologie verwaltet die in der zweiten Hälfte des 20. Jahrhunderts unterbelichtete, aber dadurch nicht weniger wirksame subjektive Seite der menschlichen Erfahrung. Pragmatistische und behavioristische Kritik am »cartesischen Theater« haben die Innenwelt nie ganz zum Verschwinden bringen können. Das hat übrigens Gilbert Ryle, der

Autor des behavioristischen Klassikers *Der Begriff des Geistes* (1949), am Ende selbst eingeräumt. Daher ist es kaum verwunderlich, dass derzeit von allen Seiten Annäherungsversuche an die Phänomenologie zu beobachten sind. Um weitere Annäherungen zu erleichtern und nachhaltig zu gestalten, bemüht sich die vorliegende Einführung, die Phänomenologie zu entrümpeln und durch eine unkonventionelle Lesart die Denkformen herauszuheben, die sich an gegenwärtige Fragestellungen anschließen lassen. Was den berechtigten Einwänden, die von verschiedenen Seiten gegen phänomenologische Grundpositionen erhoben worden sind, nicht standhält, wird als bloß historisch beiseite gelassen, zumal die einschlägige Sekundärliteratur darüber detailliert Auskunft gibt. Auch sprachlich bemüht sich die Darstellung um Distanz gegenüber der Ausdrucksweise Husserls und Heideggers, die schon zu ihren Lebzeiten als akademisch verschroben bzw. pathetisch überhöht empfunden wurde und Anlass zu Parodien gab. Nur in sachlicher sowie sprachlicher Distanz lässt sich das Erbe der Phänomenologie bewahren und für unsere Zeit fruchtbar machen. Um mit Husserls programmatischem Aufsatz *Philosophie als strenge Wissenschaft* (1911) zu sprechen: »Nicht von den Philosophien, sondern von den Sachen und Problemen muß der Antrieb zur Forschung ausgehen.« (Hua XXV, 61)

In diesem Sinne bleibt zu hoffen, dass das Interesse an der phänomenologischen Forschung auch bei denjenigen wiedererwacht, die sich nicht mit der Reproduktion und Interpretation der klassischen Texte Husserls und seiner Nachfolger zufrieden geben, sondern darin Antworten auf aktuelle Fragestellungen suchen. Damit wird vielleicht auch deutlich, dass alteuropäisches Philosophieren sich keineswegs auf den erkenntnistheoretischen Idealismus kantianischer Prägung beschränkt, der in Deutschland den akademischen Betrieb immer noch beherrscht.

In der Phänomenologie lebt auch die empiristische Tradition weiter, so dass *continental philosophy* so obsolet nicht sein kann, wie von amerikanischen Philosophen, insbesondere von Richard Rorty behauptet wird. Die Frage nach den Formen des Wissens ist nicht rein sprachanalytischer Natur. Sie zielt auf Schichten der Erfahrung, die jenseits begrifflicher Klarheit und Bestimmtheit liegen. Welche Wissensformen erschließen uns die Welt, in der wir leben? So lässt sich die Unsicherheit formulieren, die im Zeitalter der Massenmedien die Menschen umtreibt. Damit aber tritt die Frage nach der Wahrheit hinter die nach der Wirklichkeit zurück. Vielleicht sind die Wirklichkeiten, in denen wir leben, nur Konstruktionen, die sich eines Tages als Illusion erweisen. Wirklichkeit ist zu einer offenen Frage geworden, zu deren Beantwortung die Sprachanalyse nicht mehr ausreicht. Hier liegt der Punkt, an dem die Phänomenologie als Theorie der Erfahrung wieder an Aktualität gewinnt.

Um die Aktualität der Phänomenologie auf eine Formel zu bringen: Eine Annäherung an die Phänomenologie lohnt sich deshalb, weil sie wie keine andere gegenwärtige Strömung den Wirklichkeitsbegriff thematisiert, der theoretisch durch die radikalen Konstruktivismen und praktisch durch die Medien zum Problem geworden ist. In diesem Sinne lässt sich Phänomenologie als moderne Realisierung des antiken Programms einer »Rettung der Phänomene« lesen. Die Rettung der Phänomene kann heute nur eine Rettung oder Rechtfertigung der Wirklichkeiten sein, die wir selbst erzeugen, die uns aber infolge ihrer Medialisierung weitgehend undurchsichtig geworden sind. Damit bekommt die Phänomenologie, die sich in Auseinandersetzung mit der philosophischen Psychologie des 19. Jahrhunderts herausgebildet hat, eine neue Referenz: die Medienwissenschaften. Für sie liefert die Phänomenologie grundbegriffliche Klärungen, so dass es gute Gründe gibt, die zukünftige Gestalt der Phänomenologie als allgemeine Medienwissenschaft oder Medienphilosophie zu definieren. In dieser Perspektive bewegt sich die vorliegende Einführung in die Phänomenologie, die damit mehr sein will als eine Bestandsaufnahme einer historisch gewordenen philosophischen Strömung des vergangenen Jahrhunderts. Trotz harter Irrationalismusvorwürfe, denen die Phänomenologie ausgesetzt ist, wird sie auch im 21. Jahrhundert weiterleben, ja vielleicht erst zum Bewusstsein ihrer selbst kommen und so zur vollen Entfaltung ihrer Möglichkeiten gelangen.

1. Die Idee der Phänomenologie: Strukturwissenschaft des Bewusstseins

Phänomenologie ist nicht identisch mit Husserl. Max Scheler und Martin Heidegger, später auch die französischen Denker wie Jean-Paul Sartre und Maurice Merleau-Ponty haben ihr eine neue und breit wirksame Gestalt gegeben. Bei genauerer Betrachtung stellt sich jedoch heraus, dass es sich letztlich immer um die Entfaltung von Ansätzen handelt, die in Husserls ursprünglichem Denken enthalten sind. Das gilt selbst für die Wertethik Max Schelers, die gern als selbständige Leistung neben Husserls erkenntnistheoretischer Fragestellung betrachtet wird. Aber Scheler teilt mit Husserl die Überzeugung von der Selbstverständlichkeit des Moralischen, die eine Sollensethik im Stile Kants überflüssig erscheinen lässt. Für beide sind in der phänomenologischen Beschreibung als Form einer integralen Rationalität Theorie und Praxis immer eins. So betrachtet Husserl Wahrheit und Verantwortung als zwei Seiten des Bewusstseins, und daher ist es berechtigt, für die Idee der Phänomenologie vom Standpunkt ihres Begründers auszugehen.

Was Husserls Programm an Grundvoraussetzungen beinhaltet, lässt sich nur schwer in wenigen Sätzen sagen. Die ursprüngliche Wortbedeutung von »Phänomenologie«, nämlich »Lehre von den Erscheinungen«, gibt die Idee der Phänomenologie nur unzureichend wieder. Husserl hat die Bezeichnung der empirischen Psychologie seiner Zeit entnommen. In der Psychologie wie auch in anderen empirischen Wissenschaften wird darunter die erste Stufe des wissenschaftlichen Erkenntnisprozesses verstanden, das Sammeln und Beschreiben von Daten, die dann induktiv zu Theorien verarbeitet werden. An dieser Grundbedeutung von Phänomenologie hält Husserl fest, sieht darin aber nicht nur eine Vorform oder Vorstufe, sondern die ganze Arbeit der Philosophie als Wissenschaft. Damit distanziert er sich deutlich von den Konstruktionen und Spekulationen der traditionellen Metaphysik – eine Auffassung wissenschaftlicher Rationalität, in der sich Husserl mit den logischen Positivisten seiner Zeit einig weiß.

Mit der generellen antimetaphysischen Tendenz ist die Idee der Phänomenologie erst in ihrer allgemeinen Form erfasst. Für ein differenziertes inhaltliches Verständnis müssen mindestens drei Bedeutungen unterschieden werden, die sich überlagern. Zunächst bezeichnet Phänomenologie eine *philosophische Disziplin* wie beispielsweise Logik oder Erkenntnistheorie. Sodann wird unter Phänomenologie auch eine *Methode* verstanden wie etwa die genetische oder kritische Methode der Erkenntnistheorie. Und schließlich verbindet Husserl mit diesem Namen den Anspruch auf eine *neue philosophische Wissenschaft*, die alle bisherigen Philosophien an Originalität und Sachgehalt übertreffen soll. Ein nicht gerade bescheidener Anspruch, dessen Erfüllung die Phänomenologen vor eine schwere Aufgabe stellt.

Phänomenologie als Disziplin

Am Anfang stehen Husserls *Logische Untersuchungen* (1900/01). Sie behandeln aber nicht Themen der formalen Logik, sondern erkenntnistheoretische Fragestellungen, also z.B. die Frage, wie sich Bewusstseinsinhalte zu gegenständlichen Bedeutungen formieren. Die phänomenologische Logik unterscheidet sich von der traditionellen Logik als Lehre vom richtigen Denken darin, dass sie den logischen Aufbau der Welt unabhängig von sprachlichen Aussagen direkt aus den unmittelbaren Gegebenheiten des Bewusstseins rekonstruiert. In den einzelnen Untersuchungen geht es um Grundformen des Anschauens und Denkens wie beispielsweise um das Verhältnis der Teile zum Ganzen (in der dritten Untersuchung). In seinem letzten von ihm selbst veröffentlichten Buch *Formale und transzendentale Logik* (1929) hat Husserl diesen Ansatz wieder aufgegriffen und weiter ausgebaut.

Obwohl Husserl im »Prolegomena« genannten ersten Band die Befreiung der Logik von der Psychologie zum Programm macht (Stichwort: »Psychologismus«), bewegen sich seine Untersuchungen in unübersehbarer Nähe zur Psychologie; zwar nicht zur experimentellen Psychologie, aber zur beschreibenden oder verstehenden Psychologie, wie sie von Franz Brentano (1838-1917), Carl Stumpf (1848-1936) und Theodor Lipps (1851-1914) praktiziert wurde. Trotz der Bemühungen Husserls, sich vom »Naturalismus« der empirischen Psychologie abzugrenzen, fällt es aus heutiger Sicht schwer, einen sachlichen Unterschied zur Kognitionspsychologie zu erkennen. Phänomenologie kann man demnach als Versuch lesen, die Opposition von Logik und Psychologie in einem Konzept »reiner Psychologie« (im Lager der Experimentalpsychologen um Wilhelm Wundt sprach man abschätzig von »Schreibtischpsychologie«) aufzuheben. In der gegenwärtigen Wissenschaftstheorie besteht die Neigung, die Phänomenologie als Teil der Kognitionswissenschaften zu betrachten.

In seinen Vorlesungen *Die Idee der Phänomenologie* aus dem Jahre 1907 definiert Husserl seine Phänomenologie als Erkenntnistheorie. Es gehe um die Grundfrage, wie Vorstellungen die ihnen äußeren Gegenstände »treffen« (Hua II, 7). Wie vor ihm

Kant analysiert Husserl das Erkenntnisproblem mit dem Begriff des Bewusstseins, wobei für ihn allerdings nicht wie für Kant die Frage nach der Einheit des Bewusstseins im Vordergrund steht, sondern das Gegebene das eigentliche Problem ist. Unmittelbar gegeben sind allein psychische Zustände oder Erlebnisse, aber diese machen nicht das aus, was philosophisch »Bewusstsein« heißt. Dazu gehört neben dem Gegebenen immer ein Gemeintes, ein gegenüber den wechselnden Zuständen konstanter Bewusstseinsinhalt oder Gegenstand, der auch gegeben ist, aber nicht reell im Erlebnis enthalten sein kann. Insofern steht »Erkenntnis« nicht für den rein subjektiven Standpunkt, sondern ist der Titel für eine gegenstandstheoretische Untersuchung. Husserl nennt das eine »wunderbare Korrelation zwischen Erkenntnisphänomen und Erkenntnisobjekt«, die aufzuklären er als Aufgabe der Phänomenologie betrachtet (Hua II, 12). Auf diese Weise verbindet er von vornherein Erkenntnistheorie mit Ontologie, die im Neukantianismus seiner Zeit als zwei voneinander strikt zu trennende Gebiete behandelt wurden.

Im Laufe der Entwicklung hat die Phänomenologie ihr Untersuchungsfeld ausgeweitet. Das Erkenntnisproblem wird nicht mehr ausschließlich vom individuellen Bewusstsein aus aufgerollt, sondern Husserl wählt einen anderen Ausgangspunkt. Unter dem Etikett »Lebenswelt« analysiert er die Formen vorwissenschaftlicher Erfahrung, das »Kennen« vor der Erkenntnis, so dass Phänomenologie Formen einer Wissenssoziologie annimmt. Husserl selbst gebraucht diese Bezeichnung nicht, aber bei Scheler tritt sie an die Stelle von »Phänomenologie«. Die Phänomenologie hat die Erkenntnistheorie zu einer allgemeinen Theorie der Erfahrung entwickelt, zu einer Art Ganzheitswissenschaft, in der die starren Grenzen zwischen den empirischen Wissenschaften vom Menschen aufgehoben werden. Trotz ihrer starken Gegenstandsorientierung behält die Subjektivität den Primat, so dass man die Phänomenologie der heutigen »Philosophie des Geistes« zurechnen kann.

Phänomenologie als Methode

Husserls Phänomenologie lässt sich auch als Methode betrachten. Als solche wurde sie insbesondere von Max Scheler praktiziert, der sich inhaltlich mit anderen Themen befasst als Husserl. Die methodische Ausrichtung der Phänomenologie ergibt sich aus dem von Husserl formulierten »Prinzip der Prinzipien«, dem zufolge phänomenologische Forschung darin besteht, das im Bewusstsein unmittelbar Gegebene theoriefrei zu beschreiben. Damit soll jede intellektualistische Umdeutung der Bewusstseinsinhalte vermieden werden. Das heißt andererseits aber nicht, dass phänomenologische Beschreibung sich im Sammeln und Registrieren von Daten erschöpft. Im Unterschied zum positivistischen Beschreibungsprogramm versteht Husserl unter »Beschreibung« Mitvollzug von Prozessen der Bedeutungsbildung. Beschreibung wird damit präskriptiv, so wie man von einer Wegbeschreibung oder vom Beschreiben eines Kreises spricht.

Die phänomenologische Methode der Beschreibung bewegt sich zwischen Abbildung und Konstruktion. Das kommt in dem Leitsatz zum Ausdruck, mit dem Husserl die Richtung der phänomenologischen Forschung bezeichnet: »Zu den Sachen selbst!« Er wurde nach 1900 in Göttingen als wahre Befreiung vom Joch des neukantianischen Methodologismus begrüßt. Mit »Sachen« meint Husserl allerdings weder die Gegenstände der äußeren Erfahrung noch die Inhalte der inneren Erfahrung. Er wendet sich strikt dagegen, die »Sachen« mit dem positivistischen Begriff der Tatsachen zu identifizieren. Denn anders als atomistisch konzipierte »Tatsachen des Bewusstseins« umfassen die »Sachen« immer schon Sinn, Bedeutung. »Sachen« im phänomenologischen Sinne sind demnach ein teleologischer Begriff. Man kann sie auch als *begriffene Wirklichkeiten* bezeichnen. Die Pointe der Devise »Zu den Sachen selbst!« liegt darin, dass damit die semantische Dimension der Subjektivität herausgearbeitet wird, die sich mit den experimentellen Methoden der Psychologie nicht erfassen lässt. Anders als die experimentelle Psychologie, die menschliches Verhalten immer in konkreten Situationen betrachtet, beschreibt die Phänomenologie idealtypische Verläufe der Erfahrung.

Die Beschreibung zielt auf ein Allgemeines, das Husserl »Wesen« nennt. Dabei handelt es sich aber nicht um allgemeine Begriffe oder mathematische Gesetze, sondern um anschauliche Gestalten. Denkt man an die Morphologie in der Biologie und in der Sprachwissenschaft, so kann man Phänomenologie als Morphologie der Subjektivität bezeichnen. Für die Herausarbeitung der Gestalten des Erlebens hat Husserl die Methode der »Reduktion« geschaffen, die zu vielen Unklarheiten und Missverständnissen geführt hat. Er unterscheidet zwei Arten der Reduktion: »eidetische« und »transzendentale«. Die eidetische Reduktion besteht im phantasiemäßigen Variieren des Gegebenen, um die ideale Gestalt oder den Typus zu gewinnen. Dieses Verfahren wendet Husserl zunächst auf die Formen der sinnlichen Anschauung an, um es später auf die Wissensformen und Lebensformen auszudehnen. In der verstehenden Soziologie und in der Ethnologie hat diese Methode viele Anhänger gefunden.

Umstrittener ist die transzendentale Reduktion, die Husserl in den *Ideen* als Ausschaltung der natürlichen Überzeugung von der Realität der Außenwelt definiert. Der methodische Wert dieses Verfahrens, über dessen Problematik viel diskutiert worden ist, liegt darin, dass durch die Blickwendung von der Existenz der Dinge auf die Art ihrer Gegebenheit die naturwissenschaftlichen Kategorien nicht mehr zur Anwendung kommen. Statt einen Gegenstand der Außenwelt in Kategorien der Substanz und der Kausalität zu beschreiben, bedient sich die Beschreibung nun struktureller und funktionaler Begriffe, wie sie in der intuitionistischen Mathematik und Mengenlehre üblich sind.

Im Licht dieser Methode wird verständlich, wie Husserls Hinwendung zu den Sachen mit dem Anspruch vereinbar ist, Phänomenologie als eine der Mathematik oder Logik vergleichbare »Idealwissenschaft« zu betreiben. Allerdings legt er Wert auf die Feststellung, dass Phänomenologie als »deskriptive Wesenswissenschaft« einer »total anderen Grundklasse eidetischer Wissenschaften« als die Mathematik angehöre (Hua III/1, 158). Die Differenz liegt darin, dass die Phänomenologie stets einen Gegenstandsbezug behält, also auch Seinslehre oder Ontologie sein will. Das prägt den Stil der phänomenologischen Beschreibungen, der dem Duktus transzendentaler Meditationen folgt. Nicht zufällig hat Husserl die Buchfassung seiner Pariser Vorträge von 1929 *Cartesianische Meditationen* genannt.

Der meditative Duktus der phänomenologischen Beschreibungen, die Anschauung und Abstraktion miteinander verbinden, lässt sprachanalytisch geschulten Denkern die Texte Husserls fremd erscheinen. Auch die moderne Kognitionspsychologie stellt nur selten den Bezug zur Phänomenologie her. Das spricht aber nicht grundsätzlich gegen die Idee der Beschreibung, sofern man darunter etwas anderes versteht als bloßes Registrieren von Tatsachen, nämlich Aufzeigen von Bezügen. Insofern ist Beschreibung phänomenologisch ein operativer Begriff. In diesem Sinne hat schon 1913 der Husserl nahe stehende Neukantianer Paul Natorp (1854-1924) in seiner *Allgemeinen Psychologie* vorgeschlagen, die Methode der Deskription in die der Rekonstruktion umzubenennen: »In den ›Logischen Untersuchungen‹ kam Husserl selbst bereits so weit, das Präsentsein des Inhalts zu ersetzen durch einen Akt des Präsentierens. Diesen Aktsinn der Erkenntnis – jeder Art Erkenntnis, Präsentation wie Repräsentation – durchdenke man nur recht und mache vollen Ernst mit ihm, so wird die ›Deskription‹ notwendig zur ›Rekonstruktion‹.« (290) Auch die konstruktive Wissenschaftstheorie unterscheidet sich in diesem Punkt methodisch von der Phänomenologie (vgl. R. Welter, *Der Begriff der Lebenswelt*, 285 ff.).

Phänomenologie als Anspruch

Husserl verbindet mit seiner Phänomenologie den Anspruch, die klassische Metaphysik auf bewusstseinstheoretischen Wegen zu rehabilitieren. Aber er unterscheidet nicht wie Descartes zwischen Denken und Ausdehnung als zwei Substanzen und er unterteilt auch nicht wie Kant die Erfahrung in Anschauung und Denken. Husserls Projekt einer phänomenologischen »Kritik der Vernunft« wird getragen von einem grenzenlosen Vertrauen in die »intellektuelle Anschauung«, die Kant allein Gott vorbehalten hat. Husserl dagegen schreibt auch dem Menschen die Fähigkeit zu, begrifflich Allgemeines im Gegebenen direkt zu erfassen. Zur Hochschätzung der intellektuellen Anschauung ist er durch den mathematischen Intuitionismus gekommen, den er in seiner Berliner Studienzeit bei Leopold Kronecker kennen gelernt hat. Die Anfänge als Mathematiker – Husserl hat sich 1878 mit einer Schrift *Über den Begriff der Zahl* habilitiert – haben sein Denken insofern geprägt, als der Intuitionismus Anschauung und Konstruktion verbindet. Dagegen ist

Husserl der auf Anschauung verzichtende Formalismus David Hilberts suspekt, und entsprechend bewertet er einen rein symbolischen Kalkül als unzureichend und begründungsbedürftig.

Als »Universalwissenschaft«, als »Wesenswissenschaft« will die Phänomenologie nichts Geringeres bieten als eine radikale Letztbegründung aller menschlichen Erkenntnisformen. Mit »Radikalität« ist ein Ursprungsdenken gemeint, der Vorstoß zu einem absoluten Anfang, an dem Erfahrung und Urteil noch nicht geschieden sind. Darin liegt für Husserl der eigentliche Unterschied gegenüber allen bisherigen Philosophien, die sich entweder ontologisch auf die Welt oder erkenntnistheoretisch auf die Vorstellungen konzentrieren. Demgegenüber sieht Husserl in der Phänomenologie die Einheit von Theorie und Praxis verwirklicht, wie sie später in ganz anderer Weise auch der Kritischen Theorie vorschwebte. Der absolute Geltungsanspruch, der mit Hilfe der Intuition das Projekt der Aufklärung überbieten will, beruht aber offensichtlich auf einem Selbstmissverständnis Husserls und wird heute kaum noch ernst genommen. Die Kritiker der Phänomenologie haben hierin denn auch den Sündenfall der phänomenologischen Philosophie gesehen, der in der ersten Hälfte des 20. Jahrhunderts zur »Zerstörung der Vernunft« beigetragen habe. Im phänomenologischen Intuitionismus vollende sich die Dialektik der Aufklärung, die nach Theodor W. Adorno eine »negative Dialektik« ist und keineswegs, wie Husserl zu Beginn der 1930er Jahre noch meinte, zur endgültigen Überwindung der Krise des europäischen Geistes führe.

Sicherlich überfordert Husserls Idee einer absoluten und integralen Rationalität die endliche Vernunft. So ist es nicht verwunderlich, dass das Denken bei seinem Schüler Heidegger schließlich in Dichtung umgeschlagen ist. Aber jenseits der Absolutheitsansprüche entwickelt die Phänomenologie doch ein humanes Gesicht. Sie verzichtet auf metaphysische Deduktionen und entfernt sich zunehmend von der Idee der Voraussetzungslosigkeit. Bei Husserl selbst spielt die Erforschung allgemeiner Muster der vortheoretischen Erfahrung eine immer größere Rolle. So wird aus der begründenden eine aufdeckende Rationalität, wie sie parallel zur Phänomenologie die Psychoanalyse Sigmund Freuds entwickelt hat. Gerade darin aber liegt die bleibende Bedeutung der Phänomenologie, die durch Husserls rhetorische Übertreibungen nicht außer Kraft gesetzt wird. Man kann hierin geradezu eine Ironie der Geistesgeschichte erblicken: Die Phänomenologie hat einem neuen Typus der philosophischen Reflexion den Weg bereitet, der das Gegenteil von dem darstellt, was ihrem Begründer vorschwebte: Interpretation der Wirklichkeiten durch Rekonstruktion von logischen Grundmustern, nach denen die Welt aufgebaut ist. Das ist die positive Seite der phänomenologischen Dialektik, die zwischen Faktizität und Notwendigkeit ein weites Feld von Sinn und Bedeutung entdeckt, das allen Zerstörungen der Vernunft zum Trotz den Glauben an ihre Macht nicht untergehen lässt.

Struktur: Ein verdeckter Leitbegriff der phänomenologischen Forschung

Inwiefern die Phänomenologie vorbegrifflichen Schichten der Vernunft, einem gleichsam konkreten Apriori zum Durchbruch verholfen hat, wird an dem Begriff deutlich, den Husserl und seine Schüler häufig und in zahlreichen Abwandlungen verwenden, der aber nirgends terminologisch eingeführt wird: »Struktur«. Mit dem Strukturbegriff lässt sich der für die Phänomenologie charakteristische Typus eidetischer Wissenschaft definieren, der Methode nicht konstruktivistisch als Formung »von oben«, sondern intuitionistisch als Aufbau »von unten« auffasst. Entsprechend kennzeichnet Husserl die phänomenologische Methode als »eine Norm, die aus der regionalen Grundartung des Gebietes und seiner allgemeinen Strukturen entspringt, also in ihrer erkenntnismäßigen Erfassung von der Erkenntnis dieser Strukturen wesentlich abhängig ist« (Hua III/1, 161). »Struktur« bildet demnach die Brücke zwischen den Gegenständen und den ihnen angemessenen Formen der Beschreibung und ist insofern ein Leitbegriff der phänomenologischen Forschung. So hat es der postmoderne Husserl-Exeget Jacques Derrida gesehen, der *»Genesis und Struktur« und die Phänomenologie* zum Thema macht (veröffentlicht in: *Die Schrift und die Differenz*, 1967). Derrida kommt zu dem Schluss, dass es Husserl nie gelungen ist, die Offenheit der Erfahrung mit der Geschlossenheit der Bewusstseinsstrukturen in Einklang zu bringen. Lebensphilosophisch ausgedrückt: Leben und Form stehen in einem dialektischen Verhältnis zueinander, das in alle phänomenologischen Beschreibungen eine nicht überwindbare, aber fruchtbare Differenz bringt.

»Struktur« war schon im 19. Jahrhundert das Grundwort mehrerer Wissenschaften, insbesondere der Anatomie sowie der beschreibenden Psychologie. In seinen *Ideen über eine beschreibende und zergliedernde Psychologie* (1894) geht Wilhelm Dilthey von der unmittelbaren Gegebenheit des psychischen Strukturzusammenhangs aus und stellt den Satz der Erlebbarkeit der Strukturen auf. In seinen im Anschluss an Husserls *Logische Untersuchungen* entstandenen *Studien zur Grundlegung der Geisteswissenschaften* (1905) gibt Dilthey dem Strukturbegriff eine logische Wendung, so dass er unter »Strukturzusammenhang« jetzt »Bedeutung« versteht. Darauf hat Gadamer in *Wahrheit und Methode* aufmerksam gemacht (212). In seinen Bewusstseins- und Wissensanalysen definiert Dilthey »Struktur« als innere Beziehung zwischen Vorstellungen, die hierarchisch aufgebaut sind und denen »Verhaltungsweisen« entsprechen (GS VII, 116). Hier zeigt sich, dass der Strukturbegriff es ermöglicht, Bedeutung nicht mentalistisch oder subjektivistisch verengt aufzufassen, sondern die pragmatische Dimension der Bedeutungsbildung zu berücksichtigen. Struktur verweist auf Strukturierung als Artikulation eines unbestimmten Kerns vitaler Regungen in der menschlichen Subjektivität.

Auch in der Mathematik gewinnt um die Jahrhundertwende der Strukturbegriff in formalistischer wie in intuitionistischer Ausrichtung an Boden. Die Mathematik versteht sich als Strukturwissenschaft, die Relationen *in abstracto* beschreibt, unabhängig davon, ob es Dinge gibt, die diese Strukturen aufweisen. Die mathematische Logik schließt an diese Position an. Der bedeutendste Vertreter des logischen Positivismus, Rudolf Carnap, macht in *Der logische Aufbau der Welt* (1928) ausgiebigen Gebrauch vom Strukturbegriff, um seine Auffassung von Wissenschaft zu verdeutlichen. »Alle wissenschaftlichen Aussagen sind Strukturaussagen«, so seine These, die Nelson Goodman in seinem Buch *The Structure of Appearance* (1951) weiterentwickelt hat. Unter »Struktur« versteht Carnap Beziehungen zwischen Begriffen, die sich durch logische Zeichen beschreiben lassen. Er veranschaulicht die Struktur der Beziehungen mit der Figur des Pfeiles: »Die Pfeilfigur ist gewissermaßen die symbolische Darstellung der Struktur.« (*Der logische Aufbau*, 14) Die Metapher des Pfeiles passt auch zum husserlschen Begriff vom Bewusstsein, das immer auf Gegenstände »gerichtet« ist. Hieran wird deutlich, dass zwischen logischem Empirismus und Phänomenologie durchaus keine unüberbrückbare Kluft klafft. Carnap selbst konstatiert die Nähe seiner Methode der »Strukturbeschreibung« zu Husserls Idee einer »*mathesis* der Erlebnisse« (*Der logische Aufbau*, 4).

Schließlich sei noch Husserls Lehrer Carl Stumpf (1848-1936) genannt, der ein selbständiges Gebiet psychologischer Forschung als »Eidologie« bezeichnet hat. Es schließt sich damit an die platonische Ideenlehre an und führt die Geltung eines logischen Schlusses auf »Strukturgesetze von Sachverhalten« zurück (*Zur Einteilung der Wissenschaften*, 33). Die allgemeinen Prinzipien der Strukturbetrachtung auf dem Gebiete der Mathematik und der Logik hat Husserl als »Idee der reinlogischen Grammatik« in der vierten der *Logischen Untersuchungen* entwickelt. Seine logische Grammatik unterscheidet sich von der kantischen Kategorienlehre durch ein höheres Maß an Flexibilität und Offenheit der Anschauungsformen, die das Typische und Gestalthafte gegenüber der gesetzgeberischen Funktion der Vernunft hervorheben.

In den *Ideen* geht es um »allgemeine Strukturen des reinen Bewußtseins«, aber die Strukturen sind immer mitgeprägt von den Gegenständen, auf die sich das Bewusstsein richtet. Mathematischen Gegenständen entsprechen andere Bewusstseinsstrukturen als empirischen Gegenständen. Letztere lassen immer Erfahrungen offen, während mathematische Sätze keine Steigerung der Einsicht zulassen. Die Strukturbetrachtung hat demnach eine subjektive (»noetische«) und eine objektive (»noematische«) Seite, so dass Husserl von der »Problematik der noetisch-noematischen Strukturen« sprechen kann (Hua III/1, 161). Der Strukturbegriff hat demnach die Aufgabe, zwischen Sein und Bewusstsein zu vermitteln. In den *Cartesianischen Meditationen* spricht Husserl im Hinblick auf das Bewusstsein von »Strukturtypik«, »Regelstruktur«, »Strukturform«, »Struktursystem«, »Strukturgesetzmäßigkeit« usw. (Hua I, 88 ff.) Aber auch hier bezieht sich »Struktur« nicht allein auf die Formen des Bewusstseins als einer von der Welt getrennten Entität, sondern immer zugleich auf die Gegenstände des Bewusstseins.

Phänomenologie als Strukturwissenschaft

Die Weite des Begriffs ist operativ sicherlich von Nachteil, sie kann aber auch als Hinweis auf Husserls Bemühen gewertet werden, mit der Phänomenologie als Strukturwissenschaft die metaphysischen Dualismen zu unterlaufen: Denken und Handeln, Geist und Materie, Konstruktion und Evolution lassen sich unter den Strukturbegriff subsumieren. »Struktur« bildet den kleinsten gemeinsamen Nenner für Gebiete, die sonst inkommensurabel sind. Daher lassen sich moderne Strömungen wie der »radikale Konstruktivismus«, die »evolutionäre Erkenntnistheorie« oder die »Neurophilosophie« über den Strukturbegriff zwanglos mit der Phänomenologie verbinden. Auch die sprachwissenschaftliche sowie kunstwissenschaftliche Verwendung des Strukturbegriffs, die schließlich zum Strukturalismus als Universalwissenschaft geführt hat, bestätigt Husserls Entdeckung, dass auch die Lebenswelt mit ihren Relativitäten eine »allgemeine Struktur« hat, die selbst nicht relativ ist (Hua VI, 142).

»Struktur« fungiert bei Husserl methodisch als logische Form der Beschreibung, die der grammatikalischen Form der Aussage entspricht. Diese Entsprechung wird möglich, weil Strukturen als »innere Relationen« (so Ludwig Wittgenstein im *Tractatus Logico-Philosophicus*) sich von den Naturgesetzen als äußeren Relationen darin unterscheiden, dass sie immer Ganzheiten beschreiben. »Struktur« kommt darin der Regel nahe und deckt somit verschiedene Arten von inneren Relationen ab. So lässt sich der Strukturbegriff für die Praxis im engeren (Ethik) sowie im weiteren Sinne (Kultur) fruchtbar machen. Das äußert sich beim späten Husserl schließlich in der Wende zur natürlichen Erfahrung sowie in dem damit verbundenen Begriff von Welt als offener Horizont, dessen Erschließung immer neue Formen der Erfahrung generiert. Der Aufbau der Welt ist an die »Unendlichkeitsstruktur« von Erwartungen gebunden, die sich nicht restlos in die naturwissenschaftlichen Kategorien bringen lassen. Strukturen umfassen das weite Feld vorbegrifflicher Wissensformen wie Auffälligkeit, Bedeutsamkeit oder Fortsetzbarkeit. Diese Offenheit garantiert der Phänomenologie als Strukturwissenschaft bleibende Aktualität, da ihre Beschreibungen mehr sind als Füllsel von Lücken, welche die kategoriale Erschließung der Welt offen lässt.

Husserls Strukturanalysen bleiben vorwiegend im vorsprachlichen Bereich, rufen aber geradezu nach ihrer Übertragung auf die symbolischen Formen sprachlicher Bedeutungsbildung. Die Prädikation als elementare sprachliche Operation stellt einen Erfüllungsprozess dar, der freilich nie absolut störungsfrei abläuft. Insofern haben auch Strukturen, wenn sie funktional-dynamisch aufgefasst werden, ihre Dialektik, die der hegelschen an Beweglichkeit in nichts nachsteht, ja ihr sogar darin überlegen ist, dass sie das sichtbar macht, was sich der Arbeit des Begriffs entzieht. Nach dem Muster der linguistischen Unterscheidung von *langue* und *parole* führen Strukturen in die Tiefenschicht des Bewusstseins, die Freud das »Unbewußte« genannt hat. Husserl konnte sich zwar mit diesem Konzept nicht anfreunden, in der Sache aber liegen beide Denker so weit nicht auseinander. Auch für Husserl bildet das Bewusstsein ein Feld von Beziehungen und Verweisungszusammenhängen, die nie restlos definierbar sind. Insofern wird die Kritik an den »phänomenologischen Antinomien«, die Adorno vom Standpunkt der Dialektik geübt hat, dem Potenzial der Phänomenologie als Strukturwissenschaft nicht gerecht. Sicherlich gehen Strukturen nicht auf die Straße, was im Mai 1968 die Pariser Studenten auf ihren Transparenten dem Strukturalismus zum Vorwurf gemacht haben. Strukturen leiten aber in Form von Einstellungen die Aktionen derer, die meinen, ganz aus freier Wahl und »mit Willen und Bewusstsein« zu handeln.

Die Grundfrage der Lesbarkeit

Phänomenologie als Strukturwissenschaft stellt nach den Relativierungen der Wahrheit und des Apriori durch Skeptizismus und Nihilismus den letzten großen Versuch dar, noch einmal die Übereinstimmung von Mensch und Welt herzustellen, von der die Philosophie der Aufklärung sich leiten ließ. Der theoretische Optimismus hat Ende des 19. Jahrhunderts im »Axiom von der Begreiflichkeit der Welt« (Friedrich Albert Lange) und im »Satz von der Wißbarkeit« (Hans Driesch) seinen wissenschaftstheoretischen Ausdruck gefunden. In diesem Sinne interpretiert der Husserl-Schüler und Nachfolger auf dem Lehrstuhl Heideggers, Wilhelm Szilasi (1889-1966), die Phänomenologie als Theorie der »Lesbarkeit der Welttexte« (*Einführung in die Phänomenologie Edmund Husserls*, 91). Das ist eine tiefsinnige Interpretation, da die Macht des Bewusstseins nicht wie im transzendentalen Idealismus absolut gesetzt wird. »Lesbarkeit« ist mehr als bloße Rezeptivität, sie ist aber auch nicht »Machbarkeit«. Kants gewagtem Satz, die Vernunft schreibe der Natur die Gesetze vor, hätte Husserl sicherlich nicht zugestimmt. Die Macht des Bewusstseins liegt für ihn im Interpretationsmonopol. Die Strukturen des Bewusstseins und nichts anderes setzen die Bedingungen der Lesbarkeit fest. Bewusstsein ist für Husserl aber anders als für Locke keine *Tabula rasa*, es ist eine strukturierte Matrize, *materia signata*, wie die Scholastiker sagen. Sie kann nur das aufnehmen, was ihrer Aufnahmefähigkeit angemessen ist. Dass für den Menschen die Welt immer lesbar ist, setzt voraus, dass die Strukturen des Bewusstseins und die der

Welt isomorph oder »kompossibel« sind. Dafür gibt es natürlich keine Garantie, aber die Pointe der Lesbarkeitsthese liegt darin, dass die Umwelten sich im Bewusstsein das ihnen angemessene Medium geschaffen haben. Der Mensch würde den Zusammenbruch der Kompossibilität nicht bemerken, da er außer dem Bewusstsein dafür kein Organ hätte.

Die dem Bewusstsein und der Welt gemeinsamen Strukturen liegen freilich nicht an der Oberfläche der äußeren und auch nicht der inneren Erfahrung. Es bedarf vielmehr des Eindringens in die Tiefen des Bewusstseins, in die Schicht, in der sich die vorsprachlichen Bedeutungen bilden. Daher vergleicht Husserl die Phänomenologie – ähnlich wie Freud die Psychoanalyse – gern mit der Archäologie (vgl. Wilhelm Szilasi, *Einführung*, 95, 137, 140). Was Husserl in den Tiefen des Bewusstseins findet, ist immer »Geist«, d.h. Vorstellungen, die sich selbst durchsichtig sind. Phänomenologie als Strukturwissenschaft gerät so in die Nähe zur verstehenden Psychologie und zu Wilhelm Diltheys Idee der Geisteswissenschaften. In einem Vortrag aus dem Jahre 1935 sagt Husserl: »Nur in der reinen geisteswissenschaftlichen Erkenntnis wird der Wissenschaftler von dem Einwand der Selbstverhülltheit seines Leistens nicht betroffen [...] Nur wenn der Geist aus der naiven Außenwendung zu sich selbst zurückkehrt und bei sich selbst und rein bei sich selbst bleibt, kann er sich genügen.« (Hua VI, 345 f.)

Mit dem »Bei-sich-selbst-sein« des Geistes bezieht sich Husserl auf die Monadologie von Leibniz. Er unterscheidet sich von dessen *Mathesis* oder *Characteristica universalis* aber in einem wichtigen Punkt. Für Leibniz sind die Buchstaben, in denen der Welttext verfasst ist, mathematische Größen. Husserl sieht darin nur einen formalistischen Kalkül, der die Welt nicht verständlich macht, sondern nur eine Art »Ideenkleid« über die natürliche Erfahrung wirft. Die einzige Sprache, in der die Welt lesbar wird, sind die syntaktischen Formen der Anschauung, wie sie Husserl in den *Logischen Untersuchungen* aufgedeckt hat. Erst sie machen den sinnhaften Aufbau der Welt verständlich, und die Kontingenz des Wirklichen wird so überwunden. Aus heutiger Sicht steht das nicht mehr in unversöhnlichem Widerspruch zur Computertheorie des Geistes. Konnektionistische Modelle der Informationsverarbeitung, die auf Mustererkennung durch Vernetzung hinauslaufen, lassen sich durchaus mit Husserls Begriff des Bewusstseins als syntaktisch dichtes System von Verweisungen in Übereinstimmung bringen. Dabei ist daran zu erinnern, dass Husserl selbst in seiner Frühphase dem Kalkül positiver gegenüber gestanden hat als später. Diese Phase des husserlschen Denkens, das ihn in die Nähe der modernen Kognitionswissenschaften und sogar der Künstlichen-Intelligenz-Forschung rückt, hat bei idealistischen Interpreten bisher zu wenig Aufmerksamkeit gefunden.

Hans Blumenberg (1920-1996) hat das Thema der Lesbarkeit aufgenommen und anhand der Metapher vom Buch der Natur in seiner langen Vorgeschichte verfolgt. Was Blumenberg »Metaphorologie« nennt und als Baustein zu einer »Theorie der Unbegrifflichkeit« präsentiert, erweist sich bei genauerem Hinsehen als Fortsetzung der Strukturphänomenologie Husserls. Ihre versteckte Präsenz im Werk Blumenbergs kann nicht hoch genug veranschlagt werden. Er verabschiedet sich von Letztbegründung und absoluter Wahrheit und hält sich an die Erfahrungsmöglichkeiten, denen er wie Husserl die Struktur »bestimmter Unbestimmtheit« zuspricht (*Die Lesbarkeit der Welt*, 16). So ist es nicht weiter überraschend, dass auch Blumenberg »die Erde« als archimedischen Punkt betrachtet, der dem Sinnbedürfnis des Menschen nach dem Wegfall der göttlichen Transzendenz bleibt. Hier wird deutlich, wie nahe die ihrer Absolutheitsansprüche entkleidete Phänomenologie Nietzsches Aufforderung kommt, der Erde treu zu bleiben. Wenn Blumenberg auch nichts mehr von »Seinsgeschichten« wissen will, so teilt er doch den Denkweg Heideggers, der in der späten Nietzsche-Glorifizierung endet.

Aber ist die Welt in allen ihren Gestaltungen lesbar? Husserl glaubte, alle Antinomien der reinen Vernunft und alle Paradoxien der Logik auflösen zu können. Dieser theoretische Optimismus ist ihm am Ende seines Forscherlebens abhanden gekommen. Schließlich haben seine existenzphilosophischen Schüler das Absurde zum Normalzustand der Lebenswelt erklärt. Aber ist die »negative Dialektik«, die auch Adorno der »überholten Bewußtseinsphilosophie« Husserls entgegenstellt, wirklich das letzte Wort? Natürlich demütigt und kränkt die Unerreichbarkeit letzter Begründungen die Vernunft, aber eine Kränkung ist noch keine Zerstörung. Im Gegenteil: Sie motiviert zu größeren Anstrengungen, die Welt zu verstehen, um sie besser zu machen. Wie schlecht es mit der Sinnhaftigkeit der Welt auch stehen mag, der Mensch wird nie aufhören, nach neuen Wegen zu suchen. Denn die Vernunft ist, wie Husserl richtig erkannt hat, ein offenes System, das sich selbst immer von neuem strukturiert.

Suche nach ›wirklicher Wirklichkeit‹

Das Bemühen der Phänomenologie um Lesbarkeit der Welt wird von einem durchgängigen Motiv getragen, das Husserl einmal so formuliert hat: »›Mir ist der ganze Deutsche Idealismus immer zum K... gewesen. Ich habe mein Leben lang‹, – und dabei zückte er seinen dünnen Spazierstock mit silberner Krücke und stemmte ihn vorgebeugt gegen den Türpfosten – ›die Realität gesucht‹.« (Helmuth Plessner, *Bei Husserl in Göttingen*, in: *Edmund Husserl 1859-1959*, 35). Mit der Suche nach der

Wirklichkeit, die sich zu einem regelrechten Wirklichkeitshunger steigert, tritt die weltanschauliche Dimension der »phänomenologischen Bewegung« hervor, die von Seiten der marxistischen Philosophie nicht zu Unrecht als Ausdruck der Krise des spätbürgerlichen Geistes im Übergang vom 19. zum 20. Jahrhundert interpretiert wurde. In der Tat ging in dieser Zeit infolge der Symbolisierungen der mathematisch-naturwissenschaftlichen Begriffsbildung die Angst vor dem erkenntnistheoretischen Fiktionalismus um. Das Weltvertrauen wich zunehmend Zweifeln an der Eindeutigkeit und Verlässlichkeit des Wirklichen. Die Frage war: Auf welchen Wegen lässt sich die verlorene Wirklichkeit wiedergewinnen? Husserl hat verschiedene Wege durchprobiert: am Anfang den Weg von der Individualpsychologie aus, am Ende den Weg von der Sozialpsychologie aus. Auf allen Wegen aber ist er nie zu den ersehnten »Ursprüngen«, nie zu letzten Gründen vorgestoßen. Sein Programm einer »genetischen Phänomenologie« findet seine Grenze an der Offenheit der Strukturen, die als dichte syntaktische Systeme sich selbst tragen.

Auf den verschiedenen Wegen, die sich zwar nicht alle als Holzwege erwiesen, aber doch als Umwege, hat Husserl dennoch eine wichtige Entdeckung gemacht: Als Strukturzusammenhang ist Wirklichkeit ein steigerungsfähiger Begriff. Wirklichkeit wird als umso wirklicher erfahren, je dichter das Gefüge der Relationen ist. Damit entfällt die Opposition von Erscheinung und Wirklichkeit; an die Stelle der nie erreichbaren absoluten Wirklichkeit treten verschiedene Grade von Wirklichsein, die im »strukturellen Apriori« stecken. In der Erfahrung besteht immer die Möglichkeit weiterer Bestimmungen. So unterliegt Wirklichkeit dem Strukturprinzip des Übergangs von der Unbestimmtheit zur Bestimmtheit, von der Leere bloß begrifflicher Konstrukte zur Fülle anschaulicher Gegebenheiten. Der Strukturbegriff geht hier restlos im »präsumtiven« Weltbegriff auf, eine

Transformation, welche die Rede von einem hinter den Erscheinungen liegenden »Ding an sich« überflüssig macht.

Die Wirklichkeit, die Husserl gesucht hat, ist demnach nicht die brutale Faktizität und Kontingenz des Lebens, die jeder am eigenen Leibe erfährt und für die es keiner philosophischen Reflexion bedarf. Es ist die immer schon verstandene, auf den Begriff gebrachte Wirklichkeit. Insofern unterscheidet sich die Zielsetzung von Husserls Phänomenologie letztlich nicht so sehr von der des von ihm so geschmähten Deutschen Idealismus. Die in Hegels *Phänomenologie des Geistes* liegende Überzeugung von der Vernünftigkeit des Wirklichen geht zwar von anderen Voraussetzungen aus und endet im »absoluten Geist«, aber auch Hegel ist bestrebt, den Formalismus der kantischen Vernunftkritik zu überwinden und zum »Konkreten« vorzudringen, das bei Husserl dann »Zu den Sachen selbst!« heißt.

Mit der Idee der Phänomenologie als Strukturwissenschaft ändert sich die Idee der Philosophie selbst. Entgegen dem Selbstverständnis Husserls lässt die Phänomenologie immer noch Fragen offen. Die »Erste Philosophie« oder Metaphysik wird zu einer Strukturanalyse der äußeren und inneren Erfahrung, die damit ganz auf dem Standpunkt der Immanenz verharrt und sich nicht anmaßen kann, das Dasein der Welt aus seinen letzten Gründen zu erklären. Insofern stellt die Phänomenologie die nachmetaphysische Gestalt der Metaphysik dar: Wo letzte Gründe nicht erreichbar sind, kann sich das Strukturdenken ausbreiten und dem Menschen die Sicherheit verschaffen, die er braucht, um sich in der Welt zu orientieren. Aufgrund dieser Einsicht ist die gesamte Philosophie derzeit auf dem Wege, die Kategorienlehre abzubauen und sich in allgemeine Kulturwissenschaft zu verwandeln. Anthropologische und soziologische Denkformen erweitern den streng deduktiven Ansatz der kantischen Vernunftkritik. So lässt sich die gegenwärtige kulturwissenschaftliche Wende aus der phänomenologischen Transformation der Philosophie in Strukturwissenschaft historisch erklären. Die Frage ist allerdings, ob der Strukturbegriff noch in der Lage ist, die modernen Formen der Welterschließung adäquat zu erfassen. Hier drängt sich eine weitere Transformation auf, die dazu führt, Phänomenologie als allgemeine Medientheorie zu interpretieren.

Im Lichte der Suche nach der Einheit von Genesis und Geltung als dem A und O der phänomenologischen Forschung sind die Etappen ihrer Entwicklung nur Metamorphosen des einen Grundgedankens. Sie werden in den folgenden Kapiteln nachgezeichnet. Dabei handelt es sich nicht ausschließlich um eine Entwicklung des husserlschen Denkens selbst, sondern um die Entfaltung der Grundidee, die dadurch vorangetrieben wurde, dass so verschiedene Temperamente wie Scheler, Heidegger, Sartre oder Lévinas sich der phänomenologischen Bewegung angeschlossen haben. Vorliegende Einführung will daher etwas anderes sein als eine Aneinanderreihung der Positionen prominenter Vertreter der phänomenologischen Bewegung, für die es allesamt schon eigene Einführungen und Monographien gibt. Sie sucht in den voneinander nicht unerheblich abweichenden Positionen den roten Faden, der alle Transformationen der Phänomenologie zusammenhält und der bis heute nicht abgerissen ist. Biographische Details berücksichtigt sie nur insoweit, als sie für das Verständnis des Gedankens von Bedeutung sind. Wer sich für den patriarchalischen Denkstil Husserls, für Schelers Liebesabenteuer, für Heideggers politische Verstrickungen oder für Sartres Verhältnis zu Simone de Beauvoir interessiert, der sei auf die einschlägigen Monographien verwiesen. Aber dass Husserl zugleich Mathematik und Psychologie studiert hat, dass Heidegger zunächst Theologie studiert hat und Lévinas mit Tora und Talmud aufgewachsen ist, verdient Beachtung. Denn daran wird deutlich, dass die phänomenologische Methode ihren Ursprung in unterschiedlichen Disziplinen hat und daher auch mit den gegenwärtigen Leitwissenschaften wie Informatik oder Medienwissenschaft zusammengehen kann.

2. Die Anfänge: Der Kampf um den wahren Positivismus

Die Anfänge der Phänomenologie sind geprägt durch die Biographie ihres Begründers. An seinen ersten beiden Studienorten, Leipzig und Berlin, studierte er vornehmlich Mathematik und hörte bei namhaften Mathematikern wie Leopold Kronecker und Karl Theodor Wilhelm Weierstraß. An seinem dritten Studienort Wien geriet er unter den Einfluss des Anti-Kantianers und Aristotelikers Franz Brentano. Das führte ihn zur empirischen Psychologie, die er als Voraussetzung wissenschaftlichen Philosophierens betrachtete. In diesem Sinne hat er in seiner Habilitationsschrift eine psychologische Begründung der Mathematik unternommen, bis ihn die Kritik des Mathematikers und Logikers Gottlob Frege (1848-1925) davon überzeugte, dass alle Versuche einer psychologischen Grundlegung unhaltbar sind. Das Resultat ist ein Kampf gegen den Psychologismus, der den ersten Band seiner *Logischen Untersuchungen* (1901) prägt und zur Geburtsurkunde der Phänomenologie in Göttingen macht, wo Husserl als außerordentlicher Professor eine beträchtliche Schülerzahl um sich scharte. In den *Logischen Untersuchungen* entwickelt er die Idee einer »reinen Logik« als System apriorischer Sätze, die sich nicht auf psychologische Gesetze zurückführen lassen.

Logik hat es nach Husserl mit »idealen Bedeutungseinheiten« zu tun, deren ontologischer Status in die Richtung des platonischen Ideenrealismus weist. Gleichwohl liegt die Besonderheit der *Logischen Untersuchungen* darin, dass Husserl in den Ausführungen des zweiten Bandes keineswegs rein formalistisch verfährt, sondern logische Geltung an Strukturen der Erfahrung bindet. Das wurde von seinen Göttinger Schülern als Rückfall in den Psychologismus gewertet, ein Vorwurf, der aber nicht ganz berechtigt ist. Seine subjektiv gerichteten Analysen unterscheiden sich deutlich vom Empirismus und Sensualismus, insbesondere von Lockes Abstraktions- und von Berkeleys Repräsentationstheorie der Allgemeinbegriffe. In diesen Ausführungen ist Husserl freilich nicht ganz so originell, wie es scheint. Er reproduziert streckenweise die Argumentation der *Principles of Psychology* (1890) von William James, denen er mindestens so viel verdankt wie der Psychologie seines Wiener Lehrers Franz Brentano.

Psychologie der Repräsentation

Der Empirismus, der alle Bedeutungen auf Sinnesdaten zurückführen will, versteht unter Repräsentation die Stellvertretung des Gegebenen durch Allgemeinbegriffe, denen damit der Status von bloßen Namen zuerkannt wird (»Nominalismus«). Für stärker realistisch ausgerichtete Denker reicht aber die Bündelung von Sinnesdaten nicht aus, um begriffliche Allgemeinheit verständlich zu machen. William James hat daher die Stellvertretertheorie von Locke und Berkeley als »Unsinn« bezeichnet, und das war auch Husserls Meinung. Die Interpretation von Repräsentation als Stellvertretung entspreche in keiner Weise der Bedeutung, die wir mit dem Wort »Stellvertretung« verbinden. Wie man am Beispiel eines Anwaltes erkennen kann, liegt die Hauptaufgabe der Repräsentation darin, die Affekte der streitenden Parteien zu objektivieren. Das erfordert einen einheitlichen Akt der Sinngebung, »der durch keine Summe oder Verwebung von Einzelakten oder Einzelsuggestionen herstellbar oder ersetzbar wäre« (LU II/1, 179). Man kann daher Husserls Bedeutungstheorie mit James durchaus als »Konzeptualismus« bezeichnen, eine Position, die zwischen platonischem Ideenrealismus und positivistischem Nominalismus vermittelt und die es ermöglicht, Logik und Psychologie ohne Psychologismus zu verbinden.

Husserl will mit seiner Theorie der Repräsentation der empirischen Psychologie eine apriorische Grundlage geben. Damit beanspruchen die phänomenologischen Bewusstseinsanalysen einen prinzipiell anderen Status als den empirischer Erkenntnis. Dieser Anspruch wird von den meisten Psychologen bis heute nicht anerkannt. Positiv aufgenommen dagegen wurde Husserls deskriptive Methode, die der Psychologie neue Wege gewiesen hat. Auf diese Weise konnte sie die mechanistische Apperzeptionslehre des 19. Jahrhunderts überwinden. Freilich war Husserl nicht der einzige Wegbereiter. Die Idee einer beschreibenden Psychologie ist vor ihm von Wilhelm Dilthey und zu seiner Zeit von Theodor Lipps entwickelt worden. Während Dilthey Repräsentationen »vom Erlebnis aus« betrachtet, stellt Husserl die bedeutungs- und erkenntnistheoretische Fragestellung in den Mittelpunkt seiner Bewusstseinsanalysen. Daran hat der Neukantianer Paul Natorp angeknüpft, der unter dem Eindruck der *Logischen Untersuchungen* in seinem 1912 erschienenen Werk *Allgemeine Psychologie nach kritischer Methode* der empirischen Psychologie eine kognitivistische Wende gegeben hat. So ist es nur folgerichtig, dass die phänomenologische Logik in der Kognitionswissenschaft heute als »Repräsentationale Theorie des Geistes« weiterlebt.

Bedeutung

In Husserls Idee einer »reinen Logik« als Vorstufe der »reinen Phänomenologie« überschneiden sich zwei Begriffs- bzw. Themenkreise, nämlich »Bedeutung« als Grundbegriff der logischen Semantik und »Intentionalität« als Grundbegriff der transzendentalen Bewusstseinstheorie. In der ersten der *Logischen Untersuchungen* differenziert Husserl sprachliche Zeichen nach »Anzeichen« und »Ausdrücken«, eine fundamentale Unterscheidung, die ihn zum permanenten Referenzautor sprachphilosophischer und semiotischer Untersuchungen gemacht hat. Unter »Anzeichen« versteht Husserl mit einem Ereignis kausal erklärbare Vorkommnisse wie beispielsweise Rauch oder Fußspuren. »Ausdrücke« dagegen sind ideale Gebilde, deren Bedeutung nicht mit dem Gegenstand zusammenfällt. Gottlob Freges Unterscheidung von »Sinn« und »Bedeutung«, die sich im Englischen als *meaning* und *reference* eingebürgert hat, expliziert Husserl bewusstseinstheoretisch als Resultat zweier Arten von Bewusstseinsakten: »bedeutungsverleihenden« und »bedeutungserfüllenden«. Der für seine Bewusstseinstheorie zentrale Begriff der Erfüllung bildet die Brücke von der rein logisch-semantischen zur phänomenologischen Betrachtung.

Zu Beginn der fünften der *Logischen Untersuchungen* hat Husserl den Zusammenhang beider Themenkreise ausdrücklich betont. Ihm gehe es darum, die »Idealität von Bedeutungen« zu bewahren, sie aber mit der Subjektivität kompatibel zu machen. Diese Position ist von den Kritikern der Phänomenologie kantianischer oder sprachanalytischer Prägung bis heute nicht hinreichend verstanden worden. Statt die Verbindung von Logik und Erkenntnistheorie, von Semantik und Kognitionspsychologie als illegitime Vermischung zu brandmarken und sich einseitig für den bedeutungstheoretischen Standpunkt zu entscheiden, brächte es die Forschung weiter, wenn man in der Zweiseitigkeit der husserlschen Analysen die Originalität und Fruchtbarkeit des phänomenologischen Ansatzes erkennen würde.

Inwieweit das für die beiden Seiten der Betrachtung zutrifft, lässt sich in Kurzform wie folgt darstellen: Die Idealität von Bedeutung wird niemand in Frage stellen. Daraus aber folgt nicht automatisch der Primat der sprachlichen Gliederung der Welt. Das kann man schon daran sehen, dass wir oft etwas sagen und ausdrücken wollen, es aber nicht können, weil uns die Worte fehlen. Das ist ein starkes Argument für die klassische Bedeutungstheorie, für die Bedeutungen nicht identisch mit den realen Gegenständen sind, sondern in den Überzeugungen oder Gedanken liegen, durch die sich ein Subjekt auf Gegenstände bezieht. Darin gleicht der Bewusstseinsinhalt einem Zeichen, das als Bedeutungseinheit vom Zeichenträger ebenso zu unterscheiden ist wie von dem bezeichneten Gegenstand. Husserl interpretiert die Zeichenbeziehung daher als bedeutungsgebenden »Akt« des Bewusstseins. Wie immer es mit der Erfahrbarkeit derartiger Akte stehen mag, der damit umschriebene Sachverhalt ist aus der Erfahrung schöpferischer Tätigkeiten geläufig. Das Resultat geistiger Aktivitäten einschließlich der Sprachpraxis übersteigt gelegentlich die Intention. Unsere eigenen Produkte, seien es Texte oder Bilder, treten uns oft wie selbständige Wesenheiten gegenüber. Das ist gemeint, wenn Husserl von »idealen Bedeutungseinheiten« spricht. Ihre metaphysische Hypostasierung im Sinne des platonischen Begriffsrealismus hat er an mehreren Stellen selbst ausdrücklich zurückgewiesen. Stattdessen spricht er von Bedeutungen als »Gegebenheitsweisen«, in denen der bezeichnete Gegenstand mehreren Betrachtern als identischer erscheint.

Intentionalität

Als wesentliches Merkmal des Bewusstseins betrachtet Husserl die »Intentionalität«, d.h. den Bezug auf im Bewusstsein erscheinende (»transzendente«) Sachverhalte oder Gegenstände. Darin folgt er Franz Brentano (1838-1917), der als entschiedener Gegner des transzendentalen Idealismus die Psychologie vom empirischen Standpunkt aus aufbaut. Husserls Formel von der allgemeinen »Grundeigenschaft des Bewußtseins, Bewußtsein *von etwas* zu sein«, lässt sich an der Gegenstandswahrnehmung erläutern: Gegenstände der Außenwelt sind nicht im Bewusstsein wie in einem Behälter, sondern sie sind das, was gemeint ist, worauf sich Bewusstsein »bezieht«. Diese Beziehung, die immer vom Subjekt zum Gegenstand verläuft, lässt sich nur schwer auf den Begriff bringen. Obwohl Husserl die Vorstellung eines Behälters hinter sich lässt und eine relationale Beschreibung gibt, kommt auch er ohne die räumliche Unterscheidung von »innen« und »außen« nicht aus. »Intentionalität« bezeichnet demnach einen paradoxen Sachverhalt der Psyche, der in der Physis keine Parallele hat: auf real existierende Gegenstände zu verweisen und sie zugleich im Bewusstsein zu behalten. Dabei gibt es auch Fälle, wo das äußere Glied der Relation nicht existiert, so bei Phantasievorstellungen. Das unterstreicht die Tatsache, dass es sich beim intentionalen Bewusstsein um nichts als eine Relation handelt, dass die Relation ursprünglicher ist als die einzelnen Beziehungsglieder.

Sicherlich bedient sich die relationale Beschreibung des Bewusstseins der räumlichen Metapher der Blickrichtung, doch das scheint unvermeidlich zu sein, wenn man nicht in einen kruden Naturalismus der Bedeutungsbildung verfallen will. Hier setzt die Kritik der sprachanalytischen Logik an. Ernst Tugendhat beispielsweise ist der Meinung, dass die phänomenologischen Analysen nicht nur den Bedeutungsbegriff verfehlen, sondern auch für das Bewusstsein als »Meinen von Gegenständen« keine adäquate Beschreibung liefern. Bewusstsein im philosophischen Sinne sei kein psychischer Zustand, sondern lasse sich nur über den Sprachgebrauch definieren. Auch im Gegenstandsbezug gehe es immer um Weisen, »wie wir uns im Aussprechen eines Satzes auf einen Sachverhalt beziehen« (*Phänomenologie und Sprachanalyse*, 22). Es genüge daher nicht, von Bewusstseinszuständen auszugehen, für die es keine Kriterien gebe, sondern die Analyse habe bei Einstellungen zu Sachverhalten (engl. »propositional attitudes«) anzusetzen. Die *propositional attitude* dürfe nicht mit dem psychologischen Begriff der Disposition verwechselt werden, denn Propositionen sind Sachverhalte, die sich in Sätzen wie »Ich weiß, dass es heute regnet« ausdrücken lassen. Alles intentionale Bewusstsein ist demnach für die Analytiker propositionales Bewusstsein.

Bei allem Respekt vor dem Versuch, metaphorische Ausdrücke sprachanalytisch aufzulösen, sollte nicht vergessen werden, dass auch die Darstellung von Bedeutungen in propositionalen Ausdrücken nicht ohne implizite Metaphorik auskommt. Wenn jemand sagt »Ich fürchte, dass Peter krank ist«, so expliziert der Satz eine ›Einstellung‹ des Subjekts, wobei »Einstellung« auch das räumliche Bild einer Skala impliziert. Das zeigt, dass der Bezug auf die Sinneswahrnehmung nicht ganz eliminiert werden kann. Die direkte Wahrnehmung ist eine objektivierende Sinnesfunktion, die über das bloße Registrieren von Sinnesdaten schon hinausgeht. Das gilt auch für die anderen Sinne wie Hören, Fühlen usw. Sie finden ihren adäquaten Ausdruck in Sätzen mit Akkusativobjekt wie »Ich sehe Peter«. Die propositionalen Verben dagegen drücken Einschätzungen aus, die sich nicht auf die Sinnesfunktionen zurückführen lassen. Es handelt sich bei propositionalen Einstellungen folglich um Werturteile, die über das Subjekt mehr aussagen als über den Gegenstand. Insofern bilden intentionales und propositionales Bewusstsein keinen Gegensatz, sondern sie ergänzen einander. Für beide Formen des Bewusstseins gibt es angemessene sprachliche Ausdrücke.

Das eigentliche Problem des intentionalen Bewusstseins liegt nun darin, wie der Bezug auf Gegenstände zustande kommt, d.h. nach welchen Schemata Sinneseindrücke gegenständlich geordnet werden. Die kantische aus den Urteilsformen abgeleitete Kategorienlehre krankt am Dualismus von Sinnlichkeit und Verstand, der nur durch eine »Schematismus« genannte Vermittlungsinstanz überbrückt werden kann. Husserl sucht die Schemata in den Strukturen der Wahrnehmung selbst. Vom Wahrnehmenden, der direkt auf die Gegenstände gerichtet ist, werden sie als solche zwar nicht bemerkt, sind aber im Verborgenen stets wirksam. Die Strukturen legen Konstanten fest, die Identifikation und Rekognition von Gegenständen ermöglichen. Das ist aber nur im Kontext möglich, der über die Reihenbildung des intentionalen Bewusstseins hinausgeht. Daher hat der in die Vereinigten Staaten emigrierte Phänomenologe Aron Gurwitsch 1952 eine Theorie vom »Bewusstseinsfeld« entwickelt, die eine bedeutsame Verbesserung der linearen Bewusstseinstheorie Husserls darstellt.

Die phänomenologischen Beschreibungen des intentionalen Bewusstseins haben ihre psychologische Entsprechung, die der Vater der modernen Logik und Zeichentheorie Charles S. Peirce 1877 in seiner Schrift *Die Festlegung einer Überzeugung* so beschreibt: »Es wird impliziert, daß es Zustände des Verstandes wie Zweifel und Überzeugung gibt – daß ein Übergang von einem zum anderen möglich ist, während das Gedankenobjekt dasselbe bleibt, und daß dieser Übergang bestimmten Regeln unterworfen ist, an die das Denken aller in gleicher Weise gebunden ist.« (in: *Texte der Philosophie des Pragmatismus*, 47) Die universellen Regeln sind die der Wiederholung, die nach einem festen Rhythmus erfolgt. William James hat in seinen *Prinzipien der Psychologie* die Gliederung des Bewusstseinsstroms als periodischen Wechsel von Bewegung und Ruhepausen beschrieben. Diese Verlaufsdynamik bezeichnet Husserl in seinem Spätwerk *Formale und transzendentale Logik* (1929) als von der Logik bisher nicht genügend beachtete Kategorie des »Und-so-weiter« (Hua XVII, 196). Damit wird das Substanzdenken des platonischen Idealismus aufgebrochen und der Weg für rekursive Denkfiguren frei gemacht. Das kommt einer Dynamisierung des platonischen Ideenrealismus gleich, die den Dualismus von Struktur und Funktion aufhebt. Das subjektive Korrelat der Denkform des »Usw.« formuliert Husserl so: »Man kann immer wieder.«

Der strukturell-funktionalen Theorie der Intentionalität entspricht das vom späten Carnap in *Meaning and Necessity* (1947) entwickelte Konzept der »intensionalen Struktur von sprachlichen Aussagen«. Unter »Intension« (ein semantischer Begriff, der nicht verwechselt werden darf mit dem bewusstseinstheoretischen der »Intention«) versteht er den über die Sprecherabsicht hinausgehenden Inhalt eines Ausdrucks, der ein hohes Maß an Unbestimmtheit besitzt. Was in der logischen Semantik »Intension« heißt, wird von Husserl als »ein weiterer Grundzug der Intentionalität« bezeichnet, der darin besteht, dass jedes Bewusstsein einen offenen Horizont von Verweisungen »auf ihm selbst zugehörige Potentialitäten des Bewußtseins hat« (Hua I, 82). Zur »Horizontintentionalität« der Wahrnehmung sagt Husserl: »Die Vorzeichnung selbst ist zwar allzeit unvollkommen, aber in ihrer *Unbestimmtheit* doch von einer *Struktur der Bestimmtheit.* Z.B. der Würfel läßt nach den unsichtigen Seiten noch vielerlei offen, und doch ist er schon als Würfel [...] im voraus *aufgefaßt*, wobei aber jede dieser Bestimmungen stets noch Besonderheiten offenläßt.« (Hua I, 83) Auch hier ist das schon erwähnte dynamische Strukturprinzip der Bedeutungsbildung wirksam: vom Zustand der Offenheit und Unbestimmtheit zu dem der morphologischen Geschlossenheit und Bestimmtheit. Emotional entspricht diesem Muster der Übergang von der Unruhe zur Ruhe, zur Befriedigung als Gefühl der Erfüllung.

Über den Begriff des intentionalen Bewusstseins ist viel geschrieben und immer wieder auf seinen letztlich metaphorischen Charakter hingewiesen worden. Die Richtungsmetaphorik erfasst nur eine Seite der Bedeutungsbildung, die aktive und konstruktive, die aber als Ergänzung die passive Seite braucht. Auch vom konstruktivistischen Standpunkt der modernen Sprechakttheorie (John Austin) bleiben die Regeln der Bedeutungsbildung unvollständig und unverständlich, wenn sie nicht durch eine intensionale Semantik abgestützt werden. Sie bewegt sich in einem mengentheoretischen Rahmen und legt damit die Extension eines Prädikats nicht nur für unsere, sondern auch für jede mögliche Welt fest. Das entspricht durchaus dem intuitionistischen Denken, in dem sich Husserls *Logische Untersuchungen* bewegen. So ist es auch nicht überraschend, dass einer der Klassiker der modernen Sprachphilosophie, John R. Searle, von seiner ursprünglichen Gebrauchstheorie der Bedeutung abgerückt ist und ein Buch mit dem Titel *Intentionalität* (1983) verfasst hat. Ohne Husserls phänomenologische Analysen zu berücksichtigen, begreift Searle Intentionalität als Funktion sprachlicher Bedeutung vor einem nicht-intentionalen Hintergrund. Er gelangt zu dieser sprachanalytisch eher häretischen Position über den Umweg der intensionalen Semantik natursprachlicher Ausdrücke. In der Modallogik wird deutlich, dass »Intension« (als Gegenbegriff zu »Extension«) eines Ausdrucks und »Intention« als Bewusstseinshandlung nicht getrennt voneinander definiert werden können. Searles Einbettung der Intentionalität in einen zuständlichen Hintergrund, für den die natürlichen Sprachen kein ausreichendes Vokabular zur Verfügung stellen, spricht gegen das wittgensteinsche Dogma, dem zufolge das Sich-Beziehen auf Gegenstände ausschließlich im Verständnis von Regeln des Sprachgebrauchs liegt.

Bewusstseinsakte

Die von Husserl entwickelte phänomenologische Alternative bleibt in ihren Formulierungen allerdings dem Vorwurf des »Mentalismus«, d.h. der Absolutsetzung innerer Vorgänge, ausgesetzt. Insbesondere die Rede von innerer Wahrnehmung als »Wesensschau« macht den Eindruck eines »cartesischen Theaters«, über das sich Gilbert Ryle lustig gemacht hat. Dem leistet Husserl auch durch seinen zentralen Begriff der Bewusstseinsakte Vorschub, da aufbauende oder »konstituierende« Akte nicht unmittelbar gegeben sind. Die hier liegenden Schwierigkeiten vermindern sich allerdings, wenn man beachtet, dass Husserl unter »Akt« nicht einfach eine innere Handlung der Verbindung von Sinneseindrücken versteht, sondern damit eine Geltungsmodalität bezeichnet, so wie sie etwa in der Rede vom »Staatsakt« zum Ausdruck kommt, der affirmative und sanktionierende Funktion hat. Entsprechend steht auch bei Husserl der Gedanke der Handlung nicht im Vordergrund.

In Übereinstimmung mit der Psychologie von Paul Natorp wendet sich Husserl explizit gegen eine »Mythologie der Tätigkeiten« und definiert »Akte« als intentionale Erlebnisse, nicht als psychische Betätigungen (LU II/1, 379). Akte bzw. »Aktcharaktere« bezeichnen demnach Modalitäten von Erlebnissen, die er im Anschluss an Frege als die Art und Weise bestimmt, wie Bewusstseinsinhalte gegeben sind: als gewiss, als zweifelhaft usw. Zwar interpretiert Husserl intentionales Bewusstsein als

»Leistung«, aber Leistung setzt er nicht mit Handlung gleich. Er denkt eher an Funktionalität und Belastbarkeit, die etwa gemeint sind, wenn man von einem »leistungsfähigen Gerät« spricht. Die »Leistung« des Bewusstseins liegt demnach in der Fähigkeit, an den Gegebenheiten Unterschiede zu machen, Nuancen wahrzunehmen, auch wenn die Reize gleich sind.

Husserls genaue Beschreibung der Art, wie dem Bewusstsein Sachverhalte gegeben sind, hat Max Scheler bewogen, sich der Phänomenologie anzuschließen. Hinsichtlich der »Aktcharaktere« bzw. des »Aktsinns« des Bewusstseins stimmt er mit Husserl in der Ablehnung der »Mythologie der erzeugenden Verstandestätigkeiten« überein. Hier liegt die Grenze, die beide vom Kantianismus trennt. Scheler unterscheidet Bewusstseinsakte von reinen Verstandeskonstruktionen und bestimmt ihren ontologischen Status als »psychophysisch indifferent« (*Der Formalismus in der Ethik und die materiale Wertethik*, 388). Damit bekommen Akte die Bedeutung von Bedeutungen, die nicht notwendig sprachgebunden sind. Die Bedeutungshaftigkeit, die Scheler »Werte« nennt, liegt in der Bedeutsamkeit, in der Wichtigkeit, die Sachverhalte für den Menschen haben. Auf dieser Grundlage analysiert er die Sympathiegefühle als Basis intersubjektiver Kommunikation. Schelers phänomenologische Einsicht besteht demnach darin, dass dem Menschen die Welt nach Wichtigkeiten geordnet erscheint, die sich im Fühlen und Wollen unmittelbar aufdrängen. Die sprachliche Artikulation hat dann lediglich die Funktion, die primär im Erleben gegebenen Unterschiede zu artikulieren und auf Dauer zu stellen. In diesem Sinne nimmt Scheler für die gesamte Sphäre der Bewusstseinsakte den Terminus »Geist« in Anspruch, dessen höchste Existenzform für ihn die Person ist (*Der Formalismus*, 388 f.).

»Sehen-als«

Einer der originellsten Göttinger Schüler Husserls, Wilhelm Schapp (1884-1965), hat in seinen *Beiträgen zur Phänomenologie der Wahrnehmung* (1910) eine Interpretation des intentionalen Bewusstseins geliefert, die den »Aktsinn« der Wahrnehmung bekräftigt, der darin liegt, dass der Mensch Dinge als außer sich existierend wahrnimmt. Folglich könne eine Theorie wie die Berkeleys, welche alle Dinge in Sinnesdaten auflöst, nicht richtig sein. In subtilen Analysen der optischen Wahrnehmung zeigt Schapp, dass die Gegenstände, auf die sich das Auge richtet, immer durch Farbraster vermittelt sind, die sich der Willkür entziehen. Aber anders als Husserl, der die individuellen Farbwahrnehmungen als »Abschattungen« der Spezies Farbe (z.B. »Rot an sich«) interpretiert, führt Schapp die Individualität der Gegenstände auf ein interpretatives Moment zurück, das er »Meinen« im Unterschied zum »Anschauen« nennt. »Meinen« fungiert als situationsgebundene Interpretation der rohen Sinneseindrücke. Das geschieht nicht erst im Urteil, sondern prägt als vorprädikative Wissensform jede Wahrnehmung. Wie später Wittgenstein spricht Schapp von »Sehen-als«, dem immer ein »Meinen-als« zugrunde liege (*Beiträge zur Phänomenologie der Wahrnehmung*, 129 ff.). Als was etwas gesehen bzw. gemeint oder interpretiert wird, hängt nicht nur von der sprachlichen Artikulation ab. Ob ich etwas als Speckschwarte oder als Tonscherbe (um das Beispiel Schapps aufzunehmen) wahrnehme, setzt immer eine Lebenswelt voraus, in der es Tonscherben und Speckschwarten gibt. Aber noch vor derartigen kulturellen Spezifizierungen enthält das »Sehen-als« Differenzierungen, die zur Erfahrung überhaupt gehören. So die Möglichkeit, dass jemand etwas anderes sieht, als er zunächst gemeint hat, obwohl er nicht präzise zu sagen weiß, um welchen Gegenstand es sich genau handelt.

Neben Wilhelm Schapp haben auch andere Göttinger wie Heinrich Hofmann und Paul F. Linke die phänomenologischen Analysen der Wahrnehmung weitergeführt. Sie verstehen Husserls frühe Phänomenologie als realistische Wendung zum Objekt, die dem transzendentalen Idealismus der Neukantianer ein Ende bereitet hat. Bedeutender und bekannter als die Göttinger Schüler sind die Denker der »Philosophischen Gesellschaft«, die in München im Umkreis des Psychologen Theodor Lipps gegründet wurde und der neben Max Scheler Alexander Pfänder (1870-1941), Moritz Geiger (1880-1937) sowie Adolf Reinach (1883-1917) angehörten. Diese Gruppe hat sich unter der Führung von Scheler der Phänomenologie Husserls in Göttingen angeschlossen, wobei freilich immer eine gewisse Distanz zur Strenge von Husserls Denken geblieben ist. Im Jahre 1911 erschien eine Festschrift für Theodor Lipps, in der die wichtigsten Mitglieder der »Philosophischen Gesellschaft« ihre von den *Logischen Untersuchungen* inspirierten Beiträge veröffentlicht haben.

Aus heutiger Sicht nehmen Husserls *Logische Untersuchungen* eine Sonderstellung ein, die ihm zum Vorwurf gemacht wird und die den Anschluss an die logische Semantik verhindert hat. So hat Gilbert Ryle 1971 in einem Aufsatz *Phenomenology and Linguistic Analysis* kategorisch festgestellt, die moderne »Philosophy of Mind« könne mit Husserls *Logischen Untersuchungen* nichts anfangen, da diese sich ganz im Fahrwasser einer durch die Sprachanalyse überholten positivistischen Tradition bewegen. Er stellt Husserl an die Seite der induktiven Logik von John Stuart Mill (1806-1873) und verweist insbesondere auf Mills *Prüfung der Philosophie Sir William Hamiltons* von 1865. Dieser Hinweis ist historisch sowie sachlich durchaus zutreffend; es fragt sich allerdings, ob damit das endgültige Verdikt über Husserls Logik gesprochen ist. Vielleicht ist das phänomenologische Projekt, Bedeutungs- und Bewusstseinstheorie zu verbinden, so obsolet nicht, wie es dem logischen Behavioristen und Sprachanalytiker Ryle erscheinen wollte.

»Wahrer Positivismus«

Das Verhältnis der Phänomenologie zum Positivismus ist gespalten. Husserl distanziert sich von Ernst Mach (1838-1916) sowie vom »Empiriokritizisten« Richard Avenarius (1843-1896), welche die Bedeutungsbildung als Zusammenfassung von Empfindungen nach dem Ökonomieprinzip verstehen. Mit seiner Betonung der nicht-reduzierbaren Idealität der Bedeutungen hat Husserl dem sensualistischen Positivismus den Todesstoß versetzt. Aber das bedeutet keineswegs, dass Husserl damit zu einem platonischen Ideenrealismus zurückkehrt, wie ihm von sprachanalytischer Seite oft unterstellt wird. Eine sachlich unzutreffende Unterstellung, an der Husserls Terminologie allerdings nicht ganz unschuldig ist. Aber seine Analysen lassen klar erkennen, dass er das Bedeutungsproblem in einer neuen Weise angeht, die dem Geist des Positivismus, seinem Streben nach Wirklichkeit durchaus entgegenkommt.

Wie man schon an John Stuart Mills Logik der Induktion ablesen kann, ist der Positivismus des 19. Jahrhunderts mehr als blinder Tatsachenglaube. Das wird noch deutlicher am logischen Positivismus des »Wiener Kreises«, dem Moritz Schlick, Rudolf Carnap und zeitweise auch Ludwig Wittgenstein angehörten. Auf dem Gebiet der Logik und der Erkenntnistheorie weist das positivistische Denken eine innere Spannung auf, die in Husserls Phänomenologie weiterlebt. Einerseits gibt sich der Positivismus als Realismus, der von der Objektivität des Gegebenen ausgeht. Das Adjektiv »positiv« heißt soviel wie »real« – mit der wertenden Konnotation »vertrauenswürdig«. Andererseits verlagert der Positivismus die »Tatsachen« ins menschliche Bewusstsein, das als in sich einstimmiger Zusammenhang von Vorstellungen aufgefasst wird. Die für das Bewusstsein spezifische Zusammenhangsform, die sich durch ihre Kontinuität vom Kausalzusammenhang unterscheidet, bietet den logischen Raum, in dem sich in Form von Vorstellungsverdichtungen Bedeutungen bilden. Bedeutungen werden also auch schon im Positivismus von den realen Gegenständen, die sie bezeichnen, unterschieden.

Das Doppelgesicht des Positivismus zeigt sich bei Husserl darin, dass ihm das assoziationspsychologische Reihenschema nicht mehr genügt. In jedem einzelnen Bewusstseinszustand muss ein Bezug auf den Gesamtzusammenhang des Bewusstseins vorhanden sein. Wo dieser fehlt, spricht Husserl von »Objektivismus«, für den er einen falsch verstandenen Positivismus verantwortlich macht. In diesem Sinne geht Husserl mit dem Positivismus hart ins Gericht: »Der Positivismus enthauptet sozusagen die Philosophie.« (Hua VI, 7) Aber das hindert ihn nicht daran, in *Philosophie als strenge Wissenschaft* sein Vorgehen als »wahren Positivismus« zu bezeichnen (Hua XXV, 60). Dieser besteht in der Abgrenzung gegenüber allen Formen des Naturalismus, die das Bewusstsein verdinglichen. Seiner Phänomenologie geht es dagegen darum, die Eigenständigkeit und Eigengesetzlichkeit des Bewusstseins als Ort der Bedeutungsbildung herauszuarbeiten, die jenseits der Opposition von Subjektivismus und Objektivismus liegt.

3. Phänomenologische Reduktion: Die Faszination der Möglichkeiten

1913 erschien der erste Band des von Husserl herausgegebenen *Jahrbuchs für Philosophie und phänomenologische Forschung*, dessen Mitherausgeber Max Scheler war. Das *Jahrbuch* enthält die Hauptwerke des Münchener Kreises. Moritz Geiger hat in seinen *Beiträgen zur Phänomenologie des ästhetischen Genusses* eine Wendung gegen den Psychologismus vollzogen und Ästhetik als Wissenschaft der ästhetischen Werte dargestellt. Adolf Reinach hat Rechtsphilosophie als apriorische Rechtslehre phänomenologisch begründet. Der Universalismus des Rechts beruhe auf der idealen Bedeutung der Begriffe wie Forderung, Verpflichtung, Übertragung usw. Durch Klärung dieser Begriffe hält es Reinach für möglich, das Wesen rechtlicher Verpflichtung zu definieren. Husserl selbst hat im *Jahrbuch* den ersten Teil seiner *Ideen zu einer reinen Phänomenologie und phänomenologischen Philosophie* veröffentlicht, die allerdings durch eine Annäherung an den transzendentalen Idealismus von der realistischen Linie seiner bisherigen Forschungen abweichen. Das hat zum Verfall der Göttinger phänomenologischen Schule beigetragen. Damit beginnt die zweite, transzendentalphilosophische Phase der phänomenologischen Bewegung, die in die bewegte Kriegs- und Nachkriegszeit fällt.

Transzendentalismus

Die transzendentalphilosophische Wende, in der bis heute die meisten Anhänger der Phänomenologie ihre Vollendung erblicken, ist ein zweischneidiges Schwert, das Husserl in ein ambivalentes Verhältnis zu Kant bringt. Zweifellos interpretiert Husserl die »kopernikanische Wende« anders als Kant. Für diesen geht es nicht allein darum, dass sich die Gegenstände nach den Formen der Erkenntnis richten – ein aus der Wahrnehmung allzeit bekannter Sachverhalt: durch eine rosarote Brille erscheint alles rosarot –, sondern um den Nachweis, dass synthetische Erkenntnis a priori die Bedingung der Einheit des Bewusstseins ist. Kant sucht das Problem durch eine an den Urteilsformen gewonnene Kategorientafel und deren Deduktion aus dem »Ich denke« zu lösen.

Husserl dagegen lässt das Programm einer Deduktion der Kategorien fallen und erweitert im Fahrwasser des Neukantianismus den Kategorienbegriff zu einem offenen System symbolischer Formen, deren unterste Schicht die invarianten Strukturen der Wahrnehmung bilden. Damit bekommt auch das Apriori einen strukturalen Sinn. Es wird der Erfahrung angenähert und im Hinblick auf die sich kulturell wandelnden Formen des menschlichen Bewusstseins relativiert. Die Flucht aus der Kategorie ist erkenntnistheoretisch sicherlich als Fortschritt zu bewerten, hat aber nichts mehr mit Transzendentalphilosophie im strengen Sinne Kants zu tun. Daher gilt: Wer für die Phänomenologie unbedingt an der Bezeichnung »transzendental« festhalten will, sollte hinzufügen, dass diese in einem von Kant abweichenden Sinne zu verstehen ist.

Konstitutionstheorie

Dass Husserl und Kant immer noch unter dem Stichwort »Transzendentalphilosophie« zusammen genannt werden, liegt daran, dass die Phänomenologie mit Kant in dem Punkt übereinstimmt, der historisch am wirksamsten gewesen ist, obwohl er nicht zum harten Kern des kantischen Systems gehört: in der Konstitutionstheorie. Kants Konstitutionstheorie kombiniert die Lehre von der Subjektivität der Anschauungsformen Raum und Zeit mit der Lehre von der spontanen Synthesis des Verstandes. Die von Fichte über Schelling bis hin zu den modernen Konstruktivisten übernommenen Lehren besagen, dass apriorische Erkenntnis nur dadurch möglich ist, dass der Verstand aus eigener Machtvollkommenheit den Gegenständen die Gesetze vorschreibt. Genau das nimmt zeitweise auch Husserl für das von allen empirischen Elementen gereinigte transzendentale Bewusstsein an. Allerdings unterscheidet er sich von radikalen Konstruktivisten darin, dass er unter »Konstitution« keine allein vom Subjekt ausgehende »Formung« versteht. Für ihn bezeichnet »Konstitution« einen Subjekt und Objekt umfassenden Vorgang der Koppelung, einen Prozess der Herausbildung von Gestalten und Gegenständen, der heute »Emergenz« genannt wird. Zwar spricht Husserl auch davon, dass Bewusstsein die Gegenstände konstituiere, aber häufiger gebraucht er das Verb in seiner reflexiven Form: Gegenstände »konstituieren sich« im Bewusstsein. Dazu findet sich eine besonders eindringliche Erläuterung schon in einer Vorlesung aus dem Jahre 1907, die den Titel *Die Idee der Phänomenologie* trägt: »Konstituieren sagt, daß immanente Gegebenheiten nicht, wie es zuerst scheint, im Bewußtsein so wie in einer Schachtel einfach sind, sondern daß sie sich jeweils in so etwas wie ›Erscheinungen‹ darstellen, in Erscheinungen, die nicht selbst die Gegenstände sind und die Gegenstände reell enthalten, Erscheinungen, die in ihrem wechselnden und sehr merkwürdigen Bau die Gegenstände für das Ich gewissermaßen schaffen, sofern gerade Erscheinungen solcher Artung und Bildung dazu gehören, damit das vorliegt, was da ›Gegebenheit‹ heißt.« (Hua II, 71) Das transzendentale Ich ist also nicht der schöpferische Ursprung der Erscheinungen, sondern es fungiert gleichsam nur als Zuschauer am Bewusstseinsstrom, am Strom der Erscheinungen, welche die Gegenstände nur »gewissermaßen« schaffen. Obwohl Husserl im Anschluss an Kant durchweg von »Synthesis« spricht, schränkt er Konstitution demnach ein auf Akte der Darstellung, der Artikulation, die analytisch statt synthetisch vorgehen.

In den letzten Paragraphen von *Ideen I* bezeichnet Husserl »Konstitution« als wichtigstes Problem der phänomenologischen Theorie des Bewusstseins. Im zweiten, erst postum erschienenen Buch der *Ideen* hat er detaillierte »phänomenologische Untersuchungen zur Konstitution« vorgelegt, die belegen, dass Konstitution sich nach den Gegenständen richtet. Im Unterschied zum naturwissenschaftlichen Weltmodell erfolgt die »Konstitution der geistigen Welt« nach dem »Grundgesetz« der Motivation. Sie weicht von der kausalen Determination darin ab, dass sie immer einen Spielraum der Freiheit lässt. Auf dieser Grundlage entwickelt Husserl einen Begriff der Person, der den Dualismus von Vernunft und Sinnlichkeit in einem Stufenmodell aufhebt. Das freie Ich als Person »findet sich abhängig von einem dunklen Untergrunde von Charakteranlagen, ursprünglichen und verborgenen Dispositionen, andererseits abhängig von der Natur« (Hua IV, 276). Der »dunkle Untergrund« gehört für Husserl zur Person; er ist keineswegs nur ein zu überwindendes Substrat, sondern steht für die konstanten Einstellungen, aus denen heraus Menschen handeln und sich die Einheit der Person nach festen Regeln konstituiert.

Hier drängt sich ein Vergleich mit Rudolf Carnaps Konstitutionstheorie auf. In *Der logische Aufbau der Welt* (1928) definiert er Konstitution als logische Ableitung von Aussagen. Die Ableitung oder »Zurückführung« erfolgt für Carnap nach allgemeinen Regeln. Sie geben an, wie man Aussagen umformen muss, um zu einer elementaren Aussage zu gelangen, die sich nicht weiter zurückführen lässt. Die Konstitutionsregeln nennt er auch »Übersetzungsregeln«. Ein »Konstitutionssystem« entstehe dann, wenn Gegenstände höherer Stufen »aus denen der niederen Stufen konstituiert werden« (*Der logische Aufbau*, 2). Auffällig ist der transitive Gebrauch des Verbums »konstituieren«, womit Carnap eine neutrale Ausdrucksweise anstrebt, die sich vom neukantianischen Idealismus der Erzeugung ebenso fernhalten will wie vom Empirismus des Gegebenen (*Der logische Aufbau*, 5). In Carnaps Strukturbegriff überschneiden sich demnach Konstruktion und Konstitution, und genau diese Unbestimmtheit trifft auch auf Husserls Konstitutionstheorie zu.

Evidenz

Husserls Konstitutionstheorie führt zum Begriff der »Evidenz«, neben »Intentionalität« das zweite Grundthema der phänomenologischen Reflexion. Husserl hat den Begriff von Brentano übernommen, bei dem Evidenz die subjektive Seite der Wahrheit bedeutet, die allerdings mit einem objektiven Geltungsanspruch verbunden ist. Eine Evidenztheorie der Wahrheit wird heute nur noch von wenigen Denkern vertreten, und das hat sicherlich zur Isolierung der Phänomenologie beigetragen. Aber diese Ablehnung beruht weitgehend auf einem Missverständnis, gegen das sich Husserl vergeblich zur Wehr gesetzt hat. Evidenz ist für ihn gar nicht an Aussagen gebunden, und folglich betrachtet er sie auch nicht als Wahrheitskriterium. In der sechsten der *Logischen Untersuchungen* behandelt Husserl das Thema »Evidenz und Wahrheit«, um nachzuweisen, dass die Übereinstimmung von Aussage und Sachverhalt (so die traditionelle Bestimmung von Wahrheit) erst dann »wahr« genannt werden kann, wenn auch der Sachverhalt als das gegenwärtig ist, was er in Wirklichkeit ist. Eine Wahrheitstheorie kommt demnach ohne den Wirklichkeitsbegriff nicht aus. Wirklichkeit aber ist kein reales Prädikat, sondern wird als »Erfüllung« von Intentionen erfahren, die Husserl »Evidenz« nennt und die verschiedene Grade von der mittelbaren bis zur unmittelbaren oder originären Gegebenheit annehmen kann. Damit distanziert er sich ausdrücklich von einer »Gefühlstheorie der Evidenz«. Evidenz hat für Husserl medialen Charakter, den er als »Selbstgegebenheit« bezeichnet. »Selbstgegeben« ist ein Sachverhalt dann, wenn er auf den ersten Blick als zweifelsfrei erscheint, so beispielsweise, dass die Linie die kürzeste Verbindung zwischen zwei Punkten ist. Insofern lässt sich Evidenz am besten mit »Selbstverständlichkeit« übersetzen. Das Gegenteil von »evident« ist demnach nicht »falsch«, sondern »unwahrscheinlich«, »absurd«. In diesem Sinne stellt Husserl seiner »Phänomenologie der Evidenz« eine »Phänomenologie der Absurdität« als Ergänzung gegenüber (Hua III/1, 314), womit auch die logisch möglichen Welten eingeschlossen sind, in denen sich keine Gegenstände in der uns bekannten Weise konstituieren und von denen wir allenfalls durch die Phantasie der Künstler Kenntnis erlangen. Evidenz ist demnach ein ästhetischer Begriff, durchaus vergleichbar mit der formalen Kategorie der »Erstheit«, die Peirce einführt, um die relationsfreie Qualität der unmittelbaren Erfahrung des Bewusstseins mit sich selbst zu bezeichnen. Übrigens gebraucht Peirce nach 1900 dafür auch den Ausdruck »Phänomenologie«.

Reduktionslehre

Wie weit Husserls Begriff der Evidenz von der Kantischen Konstitutionstheorie wegführt, lässt sich an seiner Reduktionslehre zeigen, die das Kernstück seiner transzendentalen Wende ausmacht. »Reduktion« heißen zwei methodische Verfahren, die in einem ungeklärten Verhältnis zueinander stehen: »eidetische Intuition oder Reduktion« sowie »phänomenologische oder transzendentale Reduktion«. Die eidetische Reduktion, mit der die *Ideen I* beginnen, beschreibt Husserl in Analogie zur skeptischen Urteilsenthaltung oder »Epoché« als Ausschaltung der »natürlichen Einstellung« des Menschen, der das Gegebene als Realität betrachtet. Ihr Ziel ist es, von der empirischen Realität des Gegebenen zur Anschauung von »Wesen« vorzudringen. Unter »Wesen« versteht Husserl Bedeutungen mit allgemeinem Geltungsanspruch, darin den platonischen Ideen vergleichbar. So spricht er vom »Wesen Rot«, um das Spezifische dieser Farberfahrung zu kennzeichnen. Um derartige »Wesen« zu erschauen, empfiehlt Husserl ein Verfahren der »freien Variation« von empirischen Bewusstseinszuständen. Dabei fällt der Phantasie eine zentrale Rolle zu. Durch freie Variation soll das im Wechsel der Erscheinungen sich durchhaltende »Invariante«, »die notwendige allgemeine Form« erfasst werden, welche die Identifikation und Rekognition der erfahrenen Gegenstände gewährleistet.

Die Frage stellt sich allerdings, ob mit der eidetischen Reduktion ein Allgemeinheits- und Notwendigkeitsgrad erreicht werden kann, der die Rede von »Wesensanschauung« und »Wesenswissenschaft« rechtfertigt. Sicherlich stößt man beispielsweise bei der optischen Wahrnehmung an Grenzen der Variierbarkeit. So bleibt bei der Vorstellung von Körpern nach Abzug aller sekundären Qualitäten nur die Ausdehnung übrig wie im Wachsbeispiel der *Meditationen* von Descartes. Zwar leitet Husserl anders als Descartes daraus keinen metaphysischen Substantialismus ab, aber er ist doch der Meinung, dass durch die eidetische Variation ein Maximum an Bestimmtheit und Paradoxiefreiheit der optischen Gestalten erreicht wird. Auf diese Weise meint er dem Konstruktionsprinzip des mathematischen Intuitionismus zu entsprechen. Husserls Vertrauen in die natürliche Welterfahrung ist durch die Entwicklung der Psychologie allerdings wieder erschüttert worden. So hat sich gezeigt, dass es auch in der optischen Wahrnehmung paradoxe Sachverhalte geben kann, wie sie etwa in den Vexierbildern des niederländischen Graphikers Escher dargestellt werden.

Der Verweis auf die Bilder Eschers erfolgt nicht zufällig, sondern will das Verständnis der eidetischen Reduktion und Evidenz auf eine Bahn lenken, die Husserl vom Vorwurf des Mystizismus eines nicht nachweisbaren Vermögens der Wesensschau freispricht. Um was es wirklich geht, ist eine Form der ästhetischen Erfahrung, die durch ein besonderes Verfahren der Isolierung einen typischen Ausdruck erkennt. Die Allgemeinheit ist die einer »guten Gestalt« oder »inneren Bündigkeit«, wie es in der damaligen Kunstwissenschaft heißt. Die Affinität der phänomenologischen Methode zur künstlerischen Einstellung ist von Husserl selbst sowie von seinen Göttinger Schülern schon früh herausgestellt worden. »Der Phänomenologe muß in gewisser Weise die Anlage eines Künstlers haben«, heißt es in Wilhelm Schapps *Beiträgen zur Phänomenologie der Wahrnehmung* (12). Wesensschau liefert keine absolute Notwendigkeit, wohl aber eine Form der Allgemeinheit des Gegebenen, die aus seinen Besonderheiten herausgelesen werden kann. Das phänomenologische Apriori erweist sich somit als ästhetische Evidenz, die an der Wirklichkeit Bedeutungen sichtbar macht, die der empirischen Erfahrung verborgen bleiben.

»Möglichkeitssinn«

Husserl hat die eidetische Reduktion auch als Verwandlung des Faktums einer bestimmten Wahrnehmung in »reine Möglichkeiten« von Wahrnehmungen beschrieben: »Wir versetzen gleichsam die wirkliche Wahrnehmung in das Reich der Unwirklichkeiten, des Als-ob, das uns die reinen Möglichkeiten liefert, rein von allem, was an das Faktum und jedes Faktum überhaupt bindet. In letzterer Hinsicht behalten wir diese Möglichkeiten auch nicht in Bindung an das mitgesetzte Ego, sondern eben als freie Erdenklichkeit der Phantasie.« (Hua I, 104) Derartige Formulierungen haben die Phänomenologie nach dem Ersten Weltkrieg auch für ein nicht-akademisches Publikum attraktiv gemacht. Insbesondere ästhetische Naturen haben sich vom »Möglichkeitssinn« faszinieren lassen, den Robert Musil in seinem Roman *Der Mann ohne Eigenschaften* über den prosaischen »Wirklichkeitssinn« stellt.

Die »reinen Möglichkeiten« befreien von der kruden Wirklichkeit des Naturalismus und eröffnen den Weg ins Paradies der unbegrenzten Phantasiewelten. Geistesgeschichtlich ist diese Lesart der Phänomenologie eine Ironie der Geschichte. Denn sie erfolgt gegen Husserls erklärte Absicht der Letztbegründung. Man könnte geradezu sagen, die Phänomenologie wurde als wissenschaftliche Form einer »ästhetischen Rechtfertigung der Welt« aufgenommen. Das entspricht dem Geist der Nachkriegszeit, der die »Sekurität« der Wilhelminischen Ära eingebüßt hatte. Husserl selbst war trotz seiner scharfen Wendung gegen alle Formen des Relativismus nicht unsensibel für den neuen Zeitgeist, der eine erste Welle postmoderner spielerischer Welterfahrung darstellt. Nicht zufällig fühlt er sich dem konservativen Kulturphilosophen Rudolf Pannwitz verbunden, der das Wort »postmodern« schon 1917 in seiner Schrift *Die Krisis der europäischen Kultur* gebraucht. Inwieweit man hier von einem Fluchtmechanismus des konservativen Bildungsbürgertums reden kann, sei dahingestellt. Jedenfalls zeigt sich wieder die Ambivalenz des husserlschen Transzendentalismus, die zur Umbildung der Phänomenologie in ästhetische Theorie treibt.

Transzendentale Reduktion

Die eidetische Reduktion hat Husserl später durch eine transzendentale Reduktion ergänzt, die alle Seinssetzungen ausschaltet und sich im Urteil lediglich auf die unmittelbar gegebenen Bewusstseinsinhalte, auf reine »Phänomene« beschränkt. Damit wollte Husserl auch in der Subjektivität alles Faktische und damit Zufällige ausschalten. Das konnte ihm aber kaum gelingen, da die Ausschaltung von Existenzbehauptungen nur empirische Erkenntnis liefert, nämlich individuelle subjektive Zustände. So ist es vom Begründungsstandpunkt schwer verständlich, warum Husserl der eidetischen noch die transzendentale Reduktion hinzufügt, da Erstere als »Wesensschau« schon allgemeine und absolut gewisse Einsichten liefern soll. Des Rätsels Lösung liegt wohl darin, dass Husserl an den »reinen Möglichkeiten« zwei Schichten unterscheidet: die offen liegende Schicht der gegenständlichen Gestalten und die verborgene Schicht des zuständlichen Bewusstseins. Diese wird in der auf Bedeutungen ausgerichteten Wahrnehmung abgeblendet, so dass es einer gegen den Strich verlaufenden methodischen Operation bedarf, um sie freizulegen. In diesem Sinn definiert Husserl seine transzendentale Phänomenologie als Versuch, in bisher unentdeckte »Tiefen« des Bewusstseins vorzudringen.

Die Formulierungen erinnern an Sigmund Freuds Psychologie des Unbewussten, der die transzendentale Phänomenologie näher steht, als es den Phänomenologen recht war. Husserls Beschreibungen der Reduktion lassen sich durchaus als Aufdeckung der unbewussten Schichten des Bewusstseins lesen. Der Unterschied zu Freud liegt lediglich darin, dass dieser die Tiefenschichten inhaltlich durch sexuelle Wünsche und Symbole besetzt, während Husserl sich auf die Rekonstruktion formaler Strukturen beschränkt. Wenn Husserl Freuds Trieblehre und die daraus folgenden Verdrängungsmechanismen auch nicht übernimmt, so ließe sich seine Reduktionslehre doch psychoanalytisch interpretieren. Sie würde dabei zweifellos an Plausibilität gewinnen, da die von Husserl selbst immer wieder berührte Frage der Motivation von Wahrnehmungsabläufen eine Antwort fände. Denn Bewusstseinsstrukturen allein motivieren nicht, sie regulieren nur. Der Anstoß, den Freud in der Libido sieht, kann nicht allein von außen kommen, sondern muss in der Intentionalität selbst liegen.

Diese Lesart der transzendentalen Reduktion lässt erkennen, dass es sich entgegen Husserls Selbstverständnis nicht um einen Weg zur »Letztbegründung« handelt. Vielmehr werden welterschließende Strukturen und Funktionen freigelegt, die der empirischen Erfahrung Sinn und Bedeutung verleihen. Die welterschließende Kraft des intentionalen Bewusstseins liegt in seiner hohen Auflösungsfähigkeit. Sie erlaubt es dem Menschen, feinste Unterschiede am Gegebenen zu machen. Eine derartige Vertiefung hat Husserl mit seinen Analysen des inneren Zeitbewusstseins geliefert, die Kants Begriff der Zeit als Anschauungsform darin überlegen sind, dass sie die Kontinuität der Vorstellungsfolge als fundamentale und der willkürlichen Erzeugung entzogene Gegebenheit erfassen. Die phänomenologische Vertiefung des »vulgären Zeitbegriffs« hat Heidegger in *Sein und Zeit* dazu veranlasst, die Intentionalität dynamisch im Sinne von »Zeitigung« umzudeuten (SuZ, 330).

Stärken und Schwächen der Reduktionslehre

Wenn die transzendentale Phänomenologie das Ziel einer Letztbegründung des menschlichen Erkennens auch verfehlt, so sind ihre Reduktionen keineswegs fruchtlos. Die dadurch erreichte Freilegung von Strukturen der äußeren und inneren Erfahrung eröffnet eine Bedeutungsdimension, die noch vor der Begriffsbildung liegt und daher »ästhetisch« genannt werden muss. Das gilt, wie dargestellt, für die eidetische Variation, die auf die »gute Gestalt« zielt, es gilt aber auch für das Freilegen von Bewusstseinsinhalten, die sich in Urteilen ohne Existenzbehauptung ausdrücken lassen. Diese Operation hat Kant in seiner Theorie der ästhetischen Erfahrung beschrieben. Urteile des Schönen setzen ihm zufolge voraus, dass der Betrachter von der Existenz und Funktion einer Sache absieht und allein auf die Form achtet. Das damit verbundene »interesselose Wohlgefallen« verweist auf einen Zustand des Subjekts ästhetischer Erfahrung, der sich von der pragmatischen Einbindung in die Kausalzusammenhänge der Wirklichkeit deutlich unterscheidet. Die Strukturen, welche die phänomenologischen Reduktionen freilegen, entsprechen diesem Bewusstseinszustand und sind demnach ästhetische Schemata, die wie ein Kunstwerk im Besonderen ein Allgemeines sichtbar machen.

Diese Funktion lässt sich verallgemeinern und auf den Prozess der Gegenstandswahrnehmung überhaupt übertragen. Das Modell dafür hat John Stuart Mill geliefert, dem zufolge »mögliche Wahrnehmungen« (*sensibilia*) die »wirklichen Wahrnehmungen« (*sensations*) strukturieren. Die Pointe dieses erkenntnistheoretischen Modells liegt darin, dass die Ordnung dem sinnlich Gegebenen nicht vom Verstand aufgeprägt wird, sondern dass sie der empirischen Erfahrung als deren Extrapolation und Formalisierung immanent ist. Genau das ist gemeint, wenn Husserl den Möglichkeiten den Primat gegenüber den Erfahrungswirklichkeiten zuschreibt. Was auf den ersten Blick nach Fiktionalismus aussieht und von Husserl so auch missverständlich formuliert worden ist, entspricht einer Differenzierung des Wirklichkeitsbegriffs. Wirklichkeit ist demnach Erfüllbarkeit von Intentionen, von »reinen Möglichkeiten«, die den Wirklichkeiten Regeln a priori vorzeichnen (Hua I, 66).

Es gehört zu den geistesgeschichtlichen Kuriositäten, dass Husserl den radikal empiristischen Hintergrund seines Intuitionismus mit dem transzendentalen Idealismus verdeckt. Vorbild dafür ist allerdings nicht Kant, sondern Arthur Schopenhauer, der den Intellektualismus durch einen Voluntarismus ersetzt, den er im Ergänzungsband zu *Die Welt als Wille und Vorstellung* (§ 19) auf die prägnante Formel »Vom Primat des Willens im Selbstbewußtsein« gebracht hat. »Wille« hat hier nichts mit freier Entscheidung zu tun, sondern bezeichnet die Kraft, die den Bewusstseinsstrom in Bewegung hält. Der Willensdrang ist die Instanz, die nach Schopenhauer den Menschen an die Wirklichkeit bindet. Erst durch Verneinung des Willens zum Leben eröffnet sich eine neue Sicht der Welt, die Schopenhauer »intuitive Erkenntnis« nennt. In der »intuitiven Erkenntnis« erkennt der Wille, der im Leben als blinder Drang fungiert, sich selbst. Die von Schopenhauer behauptete Selbsterkenntnis des Willens ist zugleich Welterkenntnis. Aber es geht nicht um Erkenntnis der Welt in ihrer Zufälligkeit, sondern um eine Gesamtsicht der Welt, die theoretisch zunächst in »ästhetischen Ideen«, praktisch dann in der Teilhabe am »Nichts« erfahren wird.

Genau diese Denkfigur liegt Husserls Reduktionslehre zugrunde. In der »Wesensschau« geht es ihm um Erkenntnis der apriorischen Strukturen der Welt, so wie sie dem »absoluten Geist« vorgeschwebt haben mögen, als er die Welt erschuf. Nicht zufällig betont Husserl in den *Ideen I*, dass in der Reduktion die Transzendenz Gottes »ausgeschaltet« wird und Gott als Subjekt absolut vollkommener Erkenntnis die Dinge nicht anders sehen könne als der Mensch (Hua III/1, 89 und passim). Die philosophische Sehnsucht nach Übereinstimmung von menschlichem und göttlichem Bewusstsein ist es, die Husserl mit der transzendentalen Reduktion erfüllen will. Zwar war er sich im Klaren darüber, dass die Ausschaltung aller Zufälligkeiten nicht in einem einzigen Willensakt zu erreichen ist, dass es also einer Reihe immer neuer Reduktionen bedarf, aber sein Glaube an das Erreichen eines absoluten Anfangs der Erfahrung blieb ungebrochen. Das darin zum Ausdruck kommende Selbstvertrauen der Vernunft wurde jedoch zunehmend durch die von der zeitgenössischen Sprachkritik (Fritz Mauthner) gewonnene Einsicht erschüttert, dass die Sprache das intentionale Bewusstsein von den Sachen sowie von sich selbst trennt. Keine Reduktion kann die verlorene Unschuld der Anfänge wiederbringen. So geriet Husserls Reduktionslehre zur Fixierung auf eine unerreichbare Unmittelbarkeit, die der Öffnung der transzendentalen Phänomenologie zu ästhetischen und symbolischen Formen der Repräsentation im Wege steht.

4. Phänomenologie des emotionalen Lebens

Das cartesische *Cogito* als Ausgangspunkt und die Beschränkung auf die gegenständliche Erkenntnis lassen bei Husserl den voluntaristischen Hintergrund des intentionalen Bewusstseins kaum sichtbar werden. Das ändert sich mit Max Schelers Beitrag im *Jahrbuch*, der den ersten Teil seines 1916 vollendeten Buches *Der Formalismus in der Ethik und die materiale Wertethik* enthält. Seine Wertethik ist mehr als eine Anwendung der phänomenologischen Methode auf ein Gebiet, das von Husserl vernachlässigt wurde. Scheler selbst legt Wert auf die Feststellung: »*Wertphänomenologie* und *Phänomenologie des emotionalen Lebens* ist als ein völlig selbständiges, von der Logik unabhängiges Gegenstands- und Forschungsgebiet anzusehen.« (*Der Formalismus*, 83) Dieser Satz trifft die Sache allerdings nicht ganz. Denn die Selbständigkeit liegt weniger in der Unabhängigkeit von der Logik als vielmehr in einer Erweiterung der Logik auf das Gebiet des emotionalen Denkens sowie der sozialen Zustände.

Schelers bis zum Zweiten Weltkrieg viel beachtete Philosophie der Werte schließt an Franz Brentano an, dessen »Axiologie« auch von Husserl aufgenommen wird. Im ersten Band seiner *Logischen Untersuchungen* kommt Husserl nach einer detaillierten Analyse normativer Urteile zu dem Schluss, dass jeder normative Satz eine allgemeine »Werthaltung« voraussetzt, die über eine willkürliche Nominaldefinition von »gut« und »schlecht« hinausgeht. Unter »Werthaltung« kann man eine Lebensform verstehen, für die es keine allgemeingültige Begründung gibt. Insofern gilt: »Jede normative Disziplin verlangt die Erkenntnis gewisser nicht normativer Wahrheiten; diese aber entnimmt sie gewissen theoretischen Wissenschaften [...]« (LU I, 49) Die theoretische Wissenschaft, die der normativen Logik zugrunde liegt, hat Husserl mit seiner »reinen Logik« geschaffen; die theoretische Wissenschaft, die der normativen Ethik zugrunde liegt, hat Scheler mit seiner »Phänomenologie des emotionalen Lebens« in Angriff genommen.

Scheler formuliert die in Husserls *Logischen Untersuchungen* ausgearbeitete subjektive Seite der Logik anders als dieser. Zwar spricht auch Scheler von »Akten des Bewußtseins«, aber diese lassen sich nicht in das Schema intentionaler Synthesis bringen. Er wendet sich gegen die neukantianische »Mythologie der erzeugenden Verstandestätigkeiten«. Denn für ihn gilt: »Wie die Wesenheiten, so sind auch die Zusammenhänge zwischen ihnen ›gegeben‹, und nicht durch den Verstand hervorgebracht oder ›erzeugt‹. Sie werden *erschaut* und nicht ›gemacht‹.« (*Der Formalismus*, 85 f.) Entsprechend vermeidet Scheler den Begriff der Konstitution auch dort, wo es um die Motivation geht. Insofern gibt es gute Gründe, seine *Wertethik* neben Husserls *Ideen* als eine selbständige und sachlich vielleicht bedeutendste Leistung in der idealistischen Phase der Phänomenologie zu bewerten.

Neuidealistische Herkunft der Wertlehre

Die Selbständigkeit Schelers erklärt sich daraus, dass er seine Lehrjahre bei einem Denker verbracht hat, der in der Philosophiegeschichte heute kaum noch Beachtung findet: Rudolf Eucken (1846-1926). Dieser war zweifellos der bekannteste Kulturphilosoph des Wilhelminischen Zeitalters. Seine lebensphilosophisch ausgerichteten Werke, für die er den Nobelpreis für Literatur erhielt, haben ein fachphilosophisch solides Fundament. Die 1885 erschienenen *Prolegomena zu Forschungen über die Einheit des Geisteslebens* sind der Versuch, das Erkenntnisproblem zwischen Positivismus und Kantianismus neu zu formulieren. Mit seiner »noologischen Methode« wendet er sich gegen eine psychologistische Reduktion der Bedeutungen. Er führt Bedeutungen aber nicht wie die Kantianer auf reine Denkformen zurück, sondern sucht sie in der spezifisch menschlichen Art, die Daten der sinnlichen Erfahrung aufzufassen und zu interpretieren. Die menschliche Auffassungsweise sieht Eucken in der Fähigkeit, Dinge und Sachverhalte auch unabhängig von ihrem pragmatischen Kontext als reine Gegebenheiten zu betrachten. Diese Leistung schreibt Eucken dem »Geist« zu und gibt sich damit als Exponent des Neuidealismus zu erkennen. Schon diese Andeutungen legen nahe, dass Euckens *Prolegomena* durchaus mit Husserls *Prolegomena* vergleichbar sind, so dass es sicherlich mehr als eine akademische Höflichkeit war, als Husserl 1916 Euckens weltanschauliche Philosophie »auch in rein wissenschaftlicher Beziehung« positiv einschätzt und dessen »Philosophie des Geisteslebens« mit der Phänomenologie auf eine Stufe stellt.

Euckens neuidealistische Philosophie des Geistes hat Scheler in seiner Habilitationsschrift *Die transzendentale und die psychologische Methode* (1900) begrifflich weiter geklärt. Damit waren die Weichen für den Anschluss an Husserls *Logische Untersuchungen* gestellt. Es war aber auch die andere Richtung festgelegt, in der Scheler die Struktur des intentionalen Bewusstseins weiterentwickeln wird. Mit dem Begriff des Geistes hat er einen neuen logischen Raum erschlossen, nämlich den Raum der Gefühle als Ort der Bedeutungs- und Wertbildung. Auch mit seinem Begriff der Person, den er an die Stelle des cartesischen *Co-*

gito setzt, löst er die Probleme der phänomenologischen Konstitution, mit denen sich Husserl in den *Ideen* herumschlägt.

Apriorismus des Emotionalen

Eine Würdigung Schelers im Rahmen der Phänomenologie hat mit der Schwierigkeit zu kämpfen, dass sein Intuitionismus sich zu einer religiösen Glaubenslehre entwickelt hat, deren Beurteilung sich wissenschaftlichen Kriterien entzieht. Daher eignet sich Scheler als Prügelknabe für diejenigen Interpreten, die in der Berufung auf unmittelbare Schau von Wesenheiten nichts als Irrationalismus und die Zerstörung der Vernunft erkennen wollen. Selbst die Anhänger der Phänomenologie Husserls beurteilen Scheler eher zurückhaltend. Aber damit macht man es sich zu leicht. Denn trotz aller intellektueller Zügellosigkeiten enthält Schelers emotionaler Apriorismus Einsichten, zu denen sich die gegenwärtige »Philosophie der Gefühle« erst allmählich wieder durchringt. Wenn man sich von der platonisierenden Sprache löst, wird deutlich, dass Scheler »von unten« zu rekonstruieren versucht, wie aus subjektiven Zuständen allgemeinverbindliche Geltungsansprüche hervorgehen. Insofern kann man auch von Scheler sagen, er habe wie Husserl sein ganzes Leben nach der menschlichen Wirklichkeit gesucht, die das Körperliche mit dem Geistigen verbindet.

Schelers Phänomenologie des emotionalen Lebens teilt mit Husserl die Grundvoraussetzung, dass Erlebnisse einen inneren Allgemeinheitscharakter haben. Bei Husserl sind es die theoretischen Bedeutungen, bei Scheler die moralischen Gefühle wie seelische Scham und Liebe. Dabei unterscheidet er zwischen ungegenständlichem Gefühl oder Gefühlszustand und »intentionalem Fühlen«. Er nimmt damit Henri Bergsons Unterscheidung zwischen affektiven und repräsentativen Empfindungen auf. Mit der Intentionalität des Fühlens ist die Art und Weise gemeint, wie der Mensch mit seinen Empfindungen umgeht, beispielsweise wie Schmerz ertragen wird (*Formalismus*, 259 ff.). Fühlen bleibt für Scheler somit nicht rein affektiv, sondern gewinnt ein kognitives Moment. Wie Wahrnehmen bezieht sich laut Scheler Fühlen direkt auf objektive Sachverhalte und beruht auf Gesetzen, die genauso einsichtig und allgemeingültig seien wie die der Logik und Mathematik. Zwar hat Scheler in seiner Schrift *Zur Phänomenologie der Sympathiegefühle und von Liebe und Haß* (1913; mit Ergänzungen und unter geändertem Titel: *Wesen und Formen der Sympathie*, 1923) eindrucksvolle Beschreibungen der emotionalen Nähe durch Distanz geliefert, aber welche strukturell-funktionalen Gesetzmäßigkeiten in diesem Objektivierungsprozess am Werke sind, bleibt unklar. Daher verwundert es auch nicht, dass Schelers Phänomenologie des emotionalen Lebens in den gegenwärtigen kognitivistischen Emotionstheorien nicht die Anerkennung gefunden hat, die ihr gebührt.

Die Schwierigkeit, mit der Scheler zu kämpfen hat, liegt darin, dass Gefühlszustände ein heterogenes Kontinuum bilden. Darin unterscheiden sie sich wesentlich von Vorstellungen, die durch die äußeren Sinne immer schon objektiviert sind und ein homogenes Kontinuum bilden. Auf dieser Grundlage hat es Husserl leicht, den objektiven Gegenstand aus einer geregelten Folge von Eindrücken, etwa Farbabschattungen, aufzubauen. Demgegenüber ist es schwer, aus dem Fluss sich gegenseitig durchdringender Gefühlsqualitäten die Bildung von Konstanten zu rekonstruieren. Was Scheler fehlt, sind systemtheoretische Begriffe der Selbstorganisation, die erst mit der kognitiven Wende in der Psychologie entwickelt wurden. Aber das Problem hat er richtig erkannt und klar formuliert: »Ob es auch auf dem Boden des Alogischen unseres geistigen Lebens ursprüngliche und wesenhafte Rangverschiedenheiten der Aktinbegriffe und der Inbegriffe von Funktionen geben könne [...], es also auch ein *reines Anschauen, Fühlen, ein reines Lieben und Hassen, ein reines Streben und Wollen* gäbe, die alle zusammen von der psychophysischen Organisation unserer Menschenart *ebenso* unabhängig sind wie das reine Denken, und zugleich einer ursprünglichen Gesetzmäßigkeit teilhaftig, die sich keineswegs auf die Regeln des empirischen Seelenlebens zurückführen lässt [...].« (*Formalismus*, 259) Es geht Scheler also um die Frage, ob sich auch für das Gefühlsleben ein Weg zwischen Platonismus und Psychologismus finden lässt.

Phänomenologie des Wertfühlens

Gegenstand des intentionalen Fühlens, das einer »ursprünglichen Gesetzmäßigkeit« unterworfen ist, sind für Scheler »Werte«. In die neuere Philosophie wurde der Wertbegriff durch Rudolf Hermann Lotze (1817-1881) in Verbindung mit dem Begriff der Geltung eingeführt. Demnach haben Werte nicht den ontologischen Status von realen Gegenständen, sie sind aber auch keine bloß subjektiven Vorstellungen. Sie besitzen nach Scheler eine eigene Form der Objektivität, die allerdings schwer zu bestimmen ist. Werte unterscheiden sich von Gütern darin, dass sie gegenüber den Bedürfnissen und Wünschen der Menschen einen Mehrwert besitzen, der vom Subjekt als Forderung zum Erhalt des Wertes erlebt wird. Ein Kunstwerk beispielsweise ist ein Gut, das erhalten und gepflegt werden will. Was daran zum Erhalt auffordert, sind die Ordnung und Originalität seiner Gestaltung. Diese freilich fallen nicht wie Platons »Ideen« vom Himmel, sondern sind Resultat menschlicher Produktivität. Diese besteht aber nicht in einer willkürlichen Setzung, sondern ist ein langsames Herauslösen des Wesentlichen aus dem vergänglichen Material.

Wenn Scheler auch die utilitaristische Zurückführung moralischer Werte auf das Streben nach Glück zurückweist, so kommt auch sein materiales Wert-Apriori nicht ohne Bezug auf zwischenmenschliche Bedürfnisse und Wünsche aus. Aus Gefühlen werden Werte durch Bewusstseinsakte, welche das amorphe Material in dauerhafte Formen bringen. Werte sind demnach Gestalt gewordene Gefühle. Moralische Werte aber entstehen erst, wenn soziale Verträglichkeit als Maßstab für die Arbeit an Gefühlen genommen wird. Die Allgemeinheit der Werte ist demnach letztlich sozialer Natur, wobei Scheler offenbar von kulturinvarianten Konstanten des Gemeinschaftslebens ausgeht. An erster Stelle steht die Liebe, die als alle Formen der Zuwendung und Teilnahme umfassender *ordo amoris* den Menschen trotz seiner exzentrischen Position mit der Welt versöhnt. Auch in diesem weit von Husserls Themen abliegenden Punkt erweist sich Scheler als Phänomenologe. Denn sein Begriff der Liebe umfasst die emotionale Seite des intentionalen Bewusstseins. In ähnlicher Weise hat der amerikanische Philosoph Harry G. Frankfurt in *Gründe der Liebe* (2005) die Liebe als Anteilnahme definiert, in der die Person Verantwortung für die anderen und für sich selbst übernimmt.

Die phänomenologische Lesart der Wertlehre, die sich von der neukantianischen Wertsystematik Heinrich Rickerts durch ihre Offenheit unterscheidet, findet ihre Bestätigung in Schelers Beiträgen zur Wissenssoziologie. Nicht zufällig billigt er in seinem Werk *Die Wissensformen und die Gesellschaft* (1926) dem Pragmatismus ein relatives Recht zu, da dieser die Erschließung der Welt durch Arbeit thematisiert. »Erkenntnis und Arbeit« – dieser Zusammenhang gilt in erster Linie für das Wertbewusstsein, das entgegen Schelers intuitionistischem Vokabular auch von ihm als Artikulation von Empfindungen und Bedürfnissen aufgefasst wird. Darin gleicht seine Theorie der Werte der Werttheorie von Karl Marx, der den Tauschwert auf eine abstrakte Form von Arbeit zurückführt, die sich mit der durchschnittlichen Arbeitszeit messen lässt. Auch die Phänomenologie des emotionalen Lebens begreift Werte zwar nicht als Arbeit, wohl aber als »Leistung«, die sich in »Akten« niederschlägt. »Akte« aber sind nichts anderes als Unterscheidungen, die das Gegebene für den Menschen emotional in »gut« und »schlecht« einteilen.

Nach diesem Schema entwickelt Scheler eine differenzierte Hierarchie von Werten nach folgenden Kriterien: Ein Wert ist umso höher, je dauerhafter, je weniger zerlegbar er ist, je weniger andere Werte er voraussetzt, je tiefere Befriedigung er gewährt und je weniger er von der Konstitution der wertenden Person abhängt. Kriterium dieser Einteilung ist demnach die Dichte der Gestaltung. Das gilt für alle Arten von Werten, die ihrerseits folgende Rangordnung bilden: Werte des Angenehmen und Unangenehmen, Werte der Vitalität, geistige Werte und schließlich religiöse Werte des Heiligen und Unheiligen, die nur Personen und nicht Sachen oder Einzelhandlungen zukommen.

Kritik an Kants Ethik

Scheler versteht seine materiale Wertethik als Gegenentwurf zu Kants Pflichtethik, der er »Formalismus« vorwirft. Zwar habe Kant richtig gesehen, dass moralische Verpflichtung nicht auf dem Streben nach Gütern aufgebaut werden könne; daher seine logische Begründung des Sollens, die aber den konkreten Situationen nicht gerecht werde. Der Formalismus lässt sich nach

Scheler vermeiden, wenn man zwischen Gütern und Werten unterscheidet. Durch Werte, die eine gefühlte Evidenz besitzen, erhalten moralische Normen allererst ihre motivierende Kraft, die sie von rein logischen Normen unterscheidet. Die Unterscheidung zwischen Normen und Werten gewinnt in der neueren amerikanischen Philosophie wieder an Aktualität. Hier sei nur Hilary Putnam genannt, der den Wertbegriff gegen die an Kant orientierte Diskursethik von Jürgen Habermas stark macht.

Die emotionale Werterfahrung geht nach Scheler dem Pflichtbewusstsein voraus. Das sieht nach einem naturalistischen Fehlschluss aus, ist aber keiner. Scheler leitet das Sollen nicht aus einem Sein ab. Er selbst betont ausdrücklich, dass sich moralische Verpflichtung nicht aus dem tatsächlichen Verhalten der Menschen »herausklauben« lasse. Das Sollen resultiere vielmehr aus einer Transformation des Wollens. Dabei handelt es sich nicht um den freien Willen, sondern um den Lebensdrang, der sich im Gefühlsleben Ausdruck verschafft. Obwohl Scheler in seiner *Wertethik* Schopenhauer eher beiläufig zitiert, ist unverkennbar, dass er sich für das Wertbewusstsein an dessen Lehre vom Willen zum Leben anschließt. Später wird der Bezug offenkundig, nämlich dort, wo er im Menschen »Drang« und »Geist« gegenüberstellt und nur dem Ersteren die Macht der Motivation zuschreibt.

Wert und Person

Das Subjekt der objektivierenden Wertgefühle ist für Scheler nicht das logische »Ich denke«, sondern die Person. Scheler gibt detaillierte Analysen des Personbegriffs, die zwar nicht an die begriffliche Schärfe der neueren Diskussion heranreichen, an inhaltlichen Einsichten aber reicher sind als die sprachanalytischen Versuche. »Person« ist für ihn prinzipiell unterschieden von »Gegenständen«. So wie nach Schopenhauer das Subjekt der Erkenntnis nie Objekt werden kann, so kann nach Scheler die Person nie zum Gegenstand werden. Aber das heißt nicht, dass es der Person an Konkretheit mangelt. Sie ist ohne Leiblichkeit nicht denkbar und folglich durch ihren Willen zum Leben mit der Situation und dem Milieu eng verbunden. Was sie davon unterscheidet, beschreibt Scheler geradezu systemtheoretisch als »Sammlung« und »Verdichtung« von Gefühlen. Das klingt nach der von Husserl bekämpften empiristischen Repräsentationstheorie, die Allgemeinbegriffe als Bündel von Empfindungen interpretiert. Dagegen handelt es sich bei Scheler um einen Prozess der Intensivierung des Lebensgefühls, die sich ins Ekstatische steigern lässt.

Wert und Person betrachtet Scheler als gleichursprünglich. Werte haben nicht den Charakter isolierter und frei kombinierbarer Elemente, sondern sind holistisch mit der Lebensgeschichte der Person verbunden. So fasst später Jean-Paul Sartre »Wert« im Anschluss an Scheler als »konsubstantiell« mit dem Für-sich-sein auf (SN, 149). Im Personsein ist immer schon die Gesellschaft impliziert – ja, Scheler bildet sogar den Begriff der »Gesamtperson«. Wenn man darin keine unzulässige Personifizierung sehen will, muss man den Ausdruck als Metapher für einen ethischen Universalismus lesen. Die höchste Steigerung erreicht der Personalismus im Begriff Gottes als »Person der Personen«. Hier geht die Wertethik in Religionsphilosophie über, die den Standpunkt der Immanenz überschreitet. Aber trotz aller Spekulation enthalten Schelers psychologische und phänomenologische Analysen reiches Material für eine verstehende Wissenssoziologie, die den soziologischen Positivismus hinter sich lässt und den Weg für eine neue Wissenschaft vom Menschen bereitet.

Philosophische Anthropologie

In älteren Darstellungen ist es üblich, neben Scheler Nicolai Hartmann (1882-1950) als den zweiten Hauptvertreter einer phänomenologisch unterbauten Ethik zu nennen. Hartmann, der als Nachfolger des Neukantianers Paul Natorp in Marburg mit Heidegger in Berührung gekommen ist und enge Kontakte zu Scheler pflegte, benutzt die Phänomenologie als Aufbauschema für seine *Grundzüge einer Metaphysik der Erkenntnis* (1921), die sich als eine Art transzendentaler Realismus versteht. Diese realistische Ausrichtung seines Weltbegriffs, die sich auch in seiner Ethik niederschlägt, hat Hartmann fast ganz in Vergessenheit geraten lassen, obwohl gerade hier phänomenologisches Potenzial liegt, das auf eine Reaktivierung wartet.

Statt zu einer Ontologie hat sich die Phänomenologie des emotionalen Lebens an Hartmann vorbei zur »philosophischen Anthropologie« weiterentwickelt, die in Schelers Schrift *Die Stellung des Menschen im Kosmos* (1927) ihren Klassiker gefunden hat. Im *Formalismus* bedient sich Scheler noch nicht der Methode der phänomenologischen Reduktion. Erst später setzt er sich damit auseinander, interpretiert sie aber anders als Husserl. Während dieser die Reduktion als Kunstgriff der phänomenologischen Analyse darstellt, um in den Bereich des transzendentalen Bewusstseins vorzustoßen, sieht Scheler darin die normale Voraussetzung der theoretischen Einstellung, die der Mensch den Tieren voraushat. Diese seien durch ihren Instinkt fest an die Umwelt gebunden, während der Mensch das »weltoffene« Wesen ist, das sich von den Triebzielen distanzieren kann. Daher hat Scheler Zweifel, ob Husserl die mit den Reduktionen intendierte Einstellungsänderung adäquat beschreibt. Er betont, dass es mit der Enthaltung von Existenzurteilen nicht getan sei. Für eine Lösung von der Umweltbindung komme es vielmehr darauf an, den Lebensdrang auszusetzen, um einen Zustand zu erreichen, in dem an den Dingen allein die Form wahrgenommen werde: »Denn alle Wirklichkeit, schon weil sie Wirklichkeit ist, und ganz gleichgültig, was sie ist, ist für jedes lebendige Wesen zunächst ein hemmender, beengender Druck und die ›reine‹ Angst (ohne jedes Objekt) ihr Korrelat.« (*Die Stellung*, 54) Was durch die Technik der Askese erreicht wird, ist demnach ein ästhetischer Zustand, der von der Kunstwissenschaft der Jahrhundertwende als »ästhetische Negation« beschrieben wird (Theodor Lipps). Sie führe nicht nur zur Irrealisierung des ästhetischen Gegenstandes, sondern auch des Subjektes selbst. Die »Technik der Entwirklichung der Welt und des Selbst« ist für Scheler aber nun nicht mehr ein methodischer Kunstgriff der transzendentalen Phänomenologie, sondern der Normalzustand des menschlichen Daseins überhaupt.

Wie es dazu kommt, schildert Scheler in Form einer Entwicklungsgeschichte des Lebens von den einfachen Organismen bis zum Menschen. In Anlehnung an die zeitgenössische Evolutionsbiologie unterscheidet er vier Stufen des Lebendigen – vom Gefühlsdrang über den Instinkt und das assoziative Gedächtnis bis zur praktischen Intelligenz. Allein der Mensch übersteigt diese Stufenfolge, ein Vorgang, den Scheler mit Sigmund Freud als »Sublimierung« bezeichnet. Scheler sieht darin einen qualitativen Sprung vom Drang zum Geist. Das klingt nach einem metaphysischen Dualismus, entpuppt sich bei genauerem Hinsehen aber doch als eine Form der Wechselwirkung von Real- und Idealfaktoren. Der Geist löst sich zwar von den animalischen Triebkräften, ist für sich genommen aber machtlos. Erst wenn er wieder mit egoistischen Kräften zusammengeht, kann er orientierungspraktische Funktion gewinnen. Um es in einem alten Bild zu verdeutlichen: Der Geist sitzt wie ein Lahmer auf den Schultern eines Blinden.

Das Medium, in dem sich Geist und Drang treffen, ist laut Scheler die Phantasie als der Ort, an dem aus der Wirklichkeit als Widerstand Wirklichkeit als Förderung wird, die den Menschen als »Nein-Sager« über seine tierische Existenz erhebt. Scheler liefert damit eine anthropologische Bestätigung der vielfach missverstandenen Aussage Husserls, die Imagination sei das eigentliche Arbeitsfeld der Phänomenologie. Das ist sie deshalb, weil Bewusstsein aufgrund des triebhaften »Phantasieüberschusses« sich als imaginärer Zustand erweist. Hier besteht eine deutliche Konvergenz mit der Anthropologie Arnold Gehlens, der in seinem Hauptwerk *Der Mensch* (1940/1950) die Phantasie als »elementares Sozialorgan« bezeichnet, das es dem »Mängelwesen« Mensch ermöglicht, ein kulturelles Leben jenseits der animalischen Umwelt zu führen.

Alle kulturellen Leistungen des Menschen, die der Idealismus mit dem Begriff des »Geistigen« verbunden hat, bekommen damit den Status von Repräsentationen oder Realisationen des Phantasieüberschusses, auf den auch die Idealität der moralischen Werte zurückzuführen ist. Das darf nicht mit Fiktionalismus im Sinne von Hans Vaihingers *Philosophie des Als-ob* (1911) verwechselt werden. Etwas als Wert auffassen ist keine Täuschung, sondern eine Haltung, in der sich der Mensch in seinem Handeln von Bildern leiten lässt, die ihn affektiv berühren. In der Abhandlung *Erkenntnis und Arbeit* (1926) analysiert Scheler die Funktion von Bildern in der Wahrnehmung und kommt zu dem Schluss, dass die Bilder der Wirklichkeit, insbesondere die Körperbilder, »transbewusste Existenz« haben. Das gelte auch für die Werte, so dass die Phantasie zum eigentlichen Reflexionsmedium wird: »Aber nicht nur die Perzeptionsphantasie, auch die Gefühlsphantasie mischt real nie gefühlte Gefühle, und sie leistet umso mehr, je mehr nicht die realen Verlaufsgesetze, sondern die Sinngesetze des Lebens der Gefühle dabei zu ihrem

Rechte kommen.« (*Erkenntnis und Arbeit*, 226) »Sinngesetze« aber sind nichts anderes als die Regeln, nach denen der Geist den Strom der unbestimmten Bilder zerlegt: »Die Funktionsbündel unserer Wahrnehmungen dekomponieren, zerlegen die konkreten Bilder in sehr mannigfaltigen Hinsichten in subjektive Erscheinungsweisen und Aspekte, lassen sie aber in ihrem ontischen Eigenbestande dabei unversehrt. Am wenigsten schaffen sie oder erzeugen sie sie.« (*Erkenntnis und Arbeit*, 140) Mit der Absage an die spontane Synthesis eines transzendentalen Subjekts wird das Problem der Wertlehre, wie die Idealität allgemeiner Geltungsansprüche aus der Realität schwankender Gefühle entspringt, einer naturalistischen Lösung näher gebracht. Schelers Wert-Apriori als »phänomenologisches Urphänomen« hört auf, eine leere Formel zu sein, sobald es gelingt, den Prozess der Objektivierung des Subjektiven nach Regeln der Gefühlsartikulation zu rekonstruieren. Seine Beschreibungen des intentionalen Fühlens liefern dafür reiches Material, dessen Integration zu einer Logik des emotionalen Lebens allerdings noch aussteht. Die gegenwärtige Emotionspsychologie, die vom Kognitivismus abrückt, sowie die neurophysiologische Forschung, deren prominenter Vertreter Antonio R. Damasio den eingängigen Titel *Ich fühle, also bin ich* (2000) geprägt hat, berufen sich nicht auf Scheler, lassen aber erkennen, dass phänomenologische Elemente für die Beschreibung des Gefühlslebens unverzichtbar sind (vgl. M. Hartmann, *Gefühle. Wie die Wissenschaften sie erklären*).

Mit seiner Theorie der Werte hat Scheler das phänomenale Bewusstsein aus dem erkenntnistheoretischen Rahmen der Subjekt-Objekt-Problematik herausgelöst und in einen Lebenskontext gestellt, der die »reinen Möglichkeiten« der Erkenntnis von den Wirklichkeiten des Lebensdranges abhängig macht. Trotz seiner idealistischen Herkunft ist sich Scheler im Klaren darüber, dass sich ideale Geltungsansprüche nur in Form sinnlicher

Realisation halten können. Damit versteht er den Wirklichkeitsbegriff als Problem der Verwirklichung, die nur in dem Maße gelingt, wie Drang und Geist zusammenspielen. Nur so bleibt das Geistige keine bloße Denkmöglichkeit, sondern wird zum wesentlichen Bestandteil der menschlichen Welterschließung selbst. Hier ist der Punkt erreicht, an dem Martin Heidegger Schelers philosophische Anthropologie mit anderen Mitteln fortsetzt und »Dasein« zum archimedischen Punkt der phänomenologischen Reflexion macht. Das hat ihn Ende der 1920er Jahre kometenhaft zur neuen Leitfigur der phänomenologischen Bewegung aufsteigen lassen, die bis heute weit über das akademische Milieu hinaus in alle Bereiche des geistigen Lebens ausstrahlt.

5. Von den möglichen Welten zum In-der-Welt-sein

Obwohl Husserl nach Erscheinen der *Ideen* in Freiburg zum einsamen Denker wurde (»einsam« gemessen am Maßstab akademischer Schulbildung), setzte eine Umbildung und Breitenwirkung der Phänomenologie ein, die den Namen »phänomenologische Bewegung« erhalten hat. »Führer« der Bewegung wurde Husserls neuer Assistent Martin Heidegger (1889-1976). Er löste Max Scheler als öffentlichkeitswirksamen Exponenten der Phänomenologie ab. Trotz anfänglichem Einverständnis, das Husserl in dem Satz »Die Phänomenologie, das bin ich und Heidegger« ausgedrückt hat, gab es zwischen beiden Denkern charakterlich wie auch weltanschaulich unüberbrückbare Differenzen. Husserl verstand sich zunehmend als Patriarch, Heidegger als rebellischer Aufsteiger. An die Stelle von Husserls protestantischem Arbeitsethos, das im asketischen Umgang mit dem berühmten Aschenbecher als Anschauungsobjekt seinen symbolischen Ausdruck gefunden hat, tritt bei Heidegger ein katholischer Universalismus, der das weltliche Leben in seiner Fülle umfasst. Das hat das Verhältnis zwischen beiden Denkern schwierig gestaltet.

Die erkenntnistheoretische Frage, die Husserl umtreibt, lautet: Wie kann Bewusstsein, das selbst kein Gegenstand in der Welt ist, über sich hinaus und zur Wirklichkeit der Dinge gelangen? Für Heidegger ist das Bewusstsein im praktischen Leben immer schon bei den Dingen. Der normale Mensch ist mit den Dingen vertraut und hat keinen Zweifel an ihrer Realität, sofern sie in sein Leben eingreifen. Mit diesem neuen Ausgangspunkt konnte Heidegger in seinem phänomenologischen Hauptwerk *Sein und Zeit* (1927) Husserls erkenntnistheoretische Frage, wie sich das Subjekt auf das Objekt bezieht, souverän hinter sich lassen. Er hat aber auch Schelers ethischen Personalismus abgelöst, indem er die Richtung vom Subjekt auf das Objekt umkehrt. Sein Begriff der Existenz ist keineswegs so subjektzentriert, wie es scheint. Vielmehr begreift Heidegger die Existenz als den Ort, an dem sich die Welt dem Menschen aufdrängt, seine Aufmerksamkeit erregt und emotionale Reaktionen auslöst. Wie immer es mit den Antworten auch stehen mag, Heideggers durchschlagende Wirkung liegt in der Eröffnung eines neuen, von ihm als »ontologisch« bezeichneten Fragehorizonts, der seinerzeit als geistige Wende empfunden wurde und der auch heute noch die Leser von *Sein und Zeit* in den Bann schlägt.

Mit seiner Umkehrung der erkenntnistheoretischen Fragestellung kam Heidegger dem Wandel des Zeitgeistes entgegen. Was die Menschen in der Weimarer Republik bewegte, entsprach nicht mehr der »Lebensnot«, die Husserl noch vor dem Ersten Weltkrieg beschrieben hatte. Dort ging es um theoretische Gewissheit, um die Frage nach dem Geltungsanspruch wissenschaftlicher Aussagen. Heidegger dagegen, der von der christlichen Anthropologie Augustins ausgeht, wird von der Vereinsamung des Individuums umgetrieben. Die Nachkriegsgesellschaft mit ihren neuen politischen Strukturen und technischen Errungenschaften ist für ihn durch Erfahrungsverlust gekennzeichnet. Damit war es vorerst auch mit dem Schwelgen in Möglichkeiten vorüber: »Ein anständiger Mensch lebt nicht aus den neunzig Möglichkeiten, die es gibt, sondern aus der einen, die er ist«, so der jüdische Religionsphilosoph Franz Rosenzweig, der in diesem schlichten Satz die ideenpolitische Tendenz von Heideggers Hauptwerk *Sein und Zeit* auf den Punkt bringt.

Existenzial der Angst

Die reale Existenz verbindet Heidegger mit der Angst als alles durchdringendes Lebensgefühl, das sich durch Reflexion nicht auflösen lässt. In diesem Punkt ist Heidegger von den existentiellen Denkern des 19. Jahrhunderts beeinflusst, insbesondere von Kierkegaard, aber auch, was weniger Beachtung findet, vom Pessimismus Schopenhauers, der Leben als »Leiden« definiert. Damit wird deutlich, dass die existenzphilosophische Ausrichtung letztlich auf die theoretische Frage der Metaphysik nach dem Grund der Welt verweist. Heideggers Grundstimmung der Angst – Scheler nennt sie mit Schiller »Angst des Irdischen« – ist Ausdruck der Tatsache, dass es für die Existenz der Welt und des Menschen in der Welt keinen Grund gibt. Insofern ist der Schritt von Husserl zu Heidegger die konsequente Übersetzung der Begründungsnot in das Selbstverständnis des Menschen.

Die Lebensangst konkretisiert sich für Heidegger in der »Sorge« als so genanntes »Existenzial«, d.h. als elementare Form des Lebens. Mit Nachdruck betont Heidegger, dass seine Existenzialien keine zufälligen psychischen Verfassungen beschreiben, sondern als gelebte Äquivalente der Kategorien den Status eines konkreten Apriori besitzen. Auch der sorglos Lebende wird von der Sorge geleitet. In diesem Sinn geht das Existenzial der Sorge über das naturalistische Radikal der Selbsterhaltung hinaus. Die Sorge äußert sich nicht nur in egoistischen Handlungsweisen, mit denen der Einzelne sein Glück verfolgt, sondern es handelt sich um ein alle Handlungen begleitendes Gefühl des »Geworfenseins« in die Welt, die nicht mehr als Kosmos erfahren wird.

Die Weltangst, die schon Oswald Spengler im ersten Kapitel seines einflussreichen Bestsellers *Der Untergang des Abendlandes* (1919) als das schöpferischste aller »Urgefühle« beschrieben hatte, war für die breite Rezeption der Phänomenologie Heideggers in der krisenhaften Zeit der Weimarer Republik ausschlaggebend. Die deutsche Kultur hatte die vor dem Ersten Weltkrieg noch viel beschworene »Sekurität« eingebüßt. Im religiösen Bereich hat diese für das deutsche Bildungsbürgertum erschütternde Erfahrung die so genannte »dialektische Theologie« auf den Plan gerufen. Sie kann durchaus als Parallelaktion zu Heideggers existenzphilosophischer Umbildung der Phänomenologie Husserls verstanden werden. Das erklärt auch, warum Heidegger 1927 mit dem Erscheinen von *Sein und Zeit* schlagartig Max Scheler als Exponenten der Phänomenologie abgelöst hat. Schelers Personalismus basiert noch auf der Liebe als dem Mensch, Welt und Gott umfassenden Gefühl der Geborgenheit. Heidegger entlarvt dieses kulturidealistische Lebensgefühl als »Uneigentlichkeit«, d.h. als elementare Form der Entfremdung eines Daseins, das der Welt »verfallen« ist und sich selbst nicht mehr versteht.

Vom Erkenntnisproblem zur Seinsfrage

Die weltanschauliche Differenz, die für die stürmische Rezeption von *Sein und Zeit* ausschlaggebend war, hat ihren philosophischen Grund darin, dass Heidegger Phänomenologie von Anfang an und ohne Umweg über das Erkenntnisproblem als Frage nach der letzten, alles umfassenden Wirklichkeit betreibt. Die klassische Metaphysik hat diese Frage idealistisch oder materialistisch beantwortet: Alles ist Geist oder alles ist Materie. Heideggers Ontologie gibt keine materiale Bestimmung des Seins. Die Unbestimmtheit des Seinsbegriffs birgt die Gefahr einer theologischen Hypostasierung und Mystifizierung des Begriffs, der manche Anhänger Heideggers erlegen sind. Sie bietet aber auch Vorteile, da sie Raum für eine Dynamisierung des Absoluten schafft, die dem modernen Lebensgefühl entgegenkommt.

Auch Husserl hat auf phänomenologischer Grundlage Ontologien entwickelt. Er unterscheidet zwischen formaler Ontologie, der die Aufgabe zufällt, die allgemeinen Strukturen des Bewusstseins herauszuarbeiten, und materialen oder regionalen Ontologien, deren Aufgabe es ist, die verschiedenen Arten von Seiendem (z.B. anorganische oder organische Natur) zu beschreiben. Die regionalen Ontologien sollen Auskunft darüber geben, welchen Wirklichkeitsgehalt die einzelnen Bereiche haben, da nach Husserls Auffassung Wirklichkeit ein steigerungsfähiger Begriff ist. Heidegger dagegen bleibt bei regionalen Ontologien nicht stehen, sondern sucht ein letztes Sein. Entsprechend nennt er *Sein und Zeit* auch eine »Fundamentalontologie«.

Die neue Denkrichtung gewinnt Heidegger durch seine von Franz Brentano angeregte Beschäftigung mit der Metaphysik des Aristoteles. Dessen Kategorienlehre lenkte Heideggers Denken auf das »Sein« als Inbegriff dessen, was allen Urteilen über die Wirklichkeit Halt gibt. »Sein« heißt Weltgewissheit, und die Gegenwartserfahrung, von Heidegger »Anwesenheit« genannt, wurde ihm wichtiger als Husserls Bemühen um täuschungsfreie Erkenntnis. Man kann diese Entwicklung als zweite Überwindung des neuzeitlichen Rationalismus bezeichnen, dessen erste, aber noch nicht nachhaltig wirksame schon Schopenhauer vollzogen hatte. Anders als Kant galt Schopenhauers Interesse weniger der Welt als Vorstellung als vielmehr der Welt als Wille, dem er als Lebensdrang den Primat im Selbstbewusstsein gab. Mit diesem Hinweis soll Heideggers Ontologie nicht auf Schopenhauers Willensmetaphysik reduziert werden; aber geistesgeschichtlich bestehen doch Affinitäten, die von heutigen Interpreten nicht gern eingeräumt werden, weil sie Heidegger in die Nähe zur gefürchteten Lebensphilosophie bringen würden.

Die immer wieder aufgeworfene Frage, bis zu welchem Punkt Heidegger noch Phänomenologe war, lässt sich nicht mit der Angabe eines festen Datums beantworten. Sicherlich hat er die Phänomenologie Husserls umgebildet; er hat die Bewusstseinstheorie zur Ontologie verschoben. Das wurde als Zuwachs an Konkretheit gewertet und von einem breiten Publikum begrüßt. Aber wie Husserl war auch Heidegger auf der Suche nach der ›wahren Wirklichkeit‹, dem einzigen innerweltlichen Fels, der in Zeiten des Relativismus und des Nihilismus geblieben war. Nur in den Wegen dorthin unterscheiden sich beide Philosophen. Während Husserl sich streng an den Logos hält, ist Heidegger für die emotionale Dimension des Denkens offen, um deren Erschließung sich die Kognitionswissenschaften heute verstärkt bemühen.

Fundamentalontologie und dialektische Theologie

Nach der Enttäuschung im politischen Engagement – Heidegger hat sich 1933 zum Nationalsozialismus bekannt, sich dann aber distanziert – hat sein Denken eine Wendung genommen, die den religiösen Hintergrund deutlich in Erscheinung treten lässt. Die Mythisierung des Seins spiegelt das Schicksal der dialektischen Theologie der 1920er Jahre, die bei der bloßen Anrufung des »ganz Anderen« durch Karl Barth nicht stehen bleiben konnte. Es bedurfte seiner Vergegenwärtigung in dichterischer Sprache. So erschien dem Philosophen der Dichter Hölderlin als Retter, als Prophet der »Seinsgeschichte«. Die Wende zum Dichterischen war rationalistisch orientierten Denkern ein Gräuel: Unbestimmte Begriffe, etymologisierende Wortspielereien usw. wurden zum Gegenstand des Gespötts. Trotzdem wäre es zu billig, mit dem Hinweis auf die »Heideggerei« Heidegger aus der Phänomenologie als strenger Wissenschaft auszuschließen. Der überwältigende Einfluss, den sein Werk auch auf dem Ontologismus fern stehende Denker bis heute ausübt, macht eine Klärung erforderlich, inwieweit Heidegger die Idee der Phänomenologie positiv zur Entfaltung gebracht hat.

Vieles spricht dafür, dass sein wichtigster Beitrag darin besteht, die schon bei Husserl angelegte Medialisierung des Bewusstseins zu verstärken. Diese Lesart mag ontologisch denkenden Philosophen als Verrat an der Metaphysik vorkommen, findet aber eine wichtige Bestätigung in Heideggers Hinwendung zu Friedrich Nietzsche. Was Heidegger an Nietzsche fasziniert, ist dessen »ästhetische Rechtfertigung des Daseins und der Welt«. Für den Schopenhauerianer Nietzsche ist die Welt als Vorstellung nicht selbständig. Sie hat ihren Grund im unpersönlichen Willen als dem »Wahrhaft-Seienden« oder »Ur-Einen«, das bei Nietzsche in Analogie zur bildenden Kraft des Künstlers konzipiert ist. Damit aber wird das Subjekt des transzendentalen Idealismus seiner Autonomie beraubt. Menschliche Subjektivität bekommt in der *Geburt der Tragödie* den Status eines Mediums, »in dem das Ur-Eine im Schein seine Erlösung feiert« (KSA 1, 47).

Vor diesem Hintergrund erscheint das Verhältnis, in dem die Grundbegriffe von *Sein und Zeit*: »Seiendes«, »Sein« und »Dasein« zueinander stehen, in einem neuen Licht. Die drei Begriffe lassen sich als Übersetzungen der von Husserl für den Erkenntnisprozess herangezogenen Dreiteilung in »Erkenntniserlebnis«, »Erkenntnissinn« (Bedeutung) und »Erkenntnisobjekt« (Gegenstand) lesen. Dem Objekt entspricht das Seiende, dem Sinn oder der Bedeutung das Sein und dem Erlebnis das Dasein. Mit diesen Übersetzungen ändert sich auch die Richtung der Intentionalität, die bei Husserl vom Bewusstsein zum Gegenstand geht, während Heidegger der Gegenstandsseite ein Eigenleben zuschreibt, das sich der Verfügbarkeit des Subjekts entzieht.

Die Wirklichkeit als »Seiendes«

Im Unterschied zu Husserl bestimmt Heidegger die empirische Wirklichkeit, die er »das Seiende« nennt, nicht als Inbegriff von Gegenständen der Erkenntnis, sondern als Feld des praktischen Lebens. In seiner Umwelt begegnet der Mensch Dingen, mit denen er etwas anfangen kann. Heidegger nennt diese Dinge »Zuhandenes« im Gegensatz zum bloß »Vorhandenen« als Gegenständen der Wahrnehmung (SuZ, 69). Diese für Heideggers Weltbegriff zentrale Unterscheidung hat ihren biologischen Vorläufer in der Umweltlehre Jakob von Uexkülls. Dieser unterscheidet zwischen »Merkwelt« und »Wirkwelt« als den beiden Formen der Umwelt des Menschen. Eine gewisse Berühmtheit hat Heideggers Beispiel eines Hammers erlangt, der den Menschen zum Gebrauch auffordert, im Gegensatz zum Aschenbecher, den Husserl für die Erläuterung der optischen Wahrnehmung zum reinen Anschauungsobjekt zweckentfremdet. »Zuhandenes« ist nicht nur Resultat von Gebrauch und Bearbeitung. Von ihm geht ein gewisser Appell aus, so und nicht anders gebraucht zu werden. Als was und zu was man etwas gebraucht oder verwendet, steht demnach nicht ganz im Belieben des Subjekts, sondern wird durch die Tauglichkeit vorgeschrieben: Einheit von Form und Funktion, wie sie dem ästhetischen Funktionalismus der 1920er Jahre vorschwebte.

Aus dieser Einstellung ist es nur folgerichtig, wenn Heidegger Husserls wahrnehmungstheoretischen Intentionalismus als unzureichend für die Analyse der Faktizität verwirft und auch die phänomenologische Reduktion nicht mehr als Königsweg zur »Grundwirklichkeit« des Lebens betrachtet. Entsprechend ändert sich sein Begriff vom Phänomen, den er in der Einleitung von *Sein und Zeit* expliziert. Danach sind Phänomene nicht Erscheinungen von etwas außerhalb Existierendem, sondern Phänomen ist »das Sich-an-ihm-selbst-zeigende« (SuZ, 31). So hat auch Husserl das Psychische definiert als Erlebnis, das im Bewusstseinsstrom »erscheint als selbst durch sich selbst« (*Philosophie als strenge Wissenschaft*, 36). Mit der Selbstbezüglichkeit wird die Doppeldeutigkeit von Phänomen als Erscheinung und Schein überwunden, aber es bleibt zu fragen, welchen Sachverhalt Heidegger dabei wohl im Auge hatte. Am ehesten kommt dafür das in Betracht, was man ästhetisches Phänomen nennt. Anders als die neutralen Gegebenheiten der alltäglichen Erfahrung drängt sich der ästhetische Gegenstand dem Betrachter auf. Er verweist aber nicht wie ein Zeichen auf etwas anderes, sondern stellt gleichsam sich selbst dar. In diesem Sinne gehören die »Phänomene der Phänomenologie« im Unterschied zu den gewöhnlichen Phänomenen einer Dimension der Erfahrung an, die nach Heidegger nur in besonderen Situationen zugänglich wird. Als solche lassen sich die Phänomene nicht auf synthetische Akte des intentionalen Bewusstseins zurückführen, sondern müssen als unerwartet hingenommen und intensiv gelebt werden. Trivial ausgedrückt heißt das: Man muss die Welt auf sich zukommen lassen, für die Fülle ihrer Erscheinungen offen bleiben – eine Einstellung, die sich deutlich vom Konstruktivismus des intentionalen Bewusstseins distanziert.

Heideggers Begriff des »Zuhandenen« hat in der *Philosophie der Geschichten* (1959) von Wilhelm Schapp eine bisher wenig beachtete Weiterentwicklung erfahren. Heideggers »Zuhandenes« kehrt bei Schapp als »Wozuding« wieder, woran ersichtlich ist, dass bei ihm der pragmatische Aspekt noch stärker betont wird. Das hat zur Folge, dass an die Stelle der »Seinsgeschichte« eine Pluralität von Geschichten tritt, in welche die Menschen, ob sie es wollen oder nicht, immer schon verstrickt sind. »Geschichten« steht sowohl für die Ereignisse als auch für die Erzählungen, eine Doppelseitigkeit, die der Sprache und der Interpretation eine größere Bedeutung zumisst als Heidegger in *Sein und Zeit*. Besonders treffend ist Schapps Interpretation des »In-der-Welt-seins« als »Verstricktsein«, das den Intentionalismus des handlungstheoretischen Vokabulars hinter sich lässt und formal Heideggers Begriff der Sorge entspricht.

Die Welt als »Sein«

Heideggers Wirklichkeitsbegriff sieht nach Pragmatismus aus, unterscheidet sich aber doch vom Wirklichkeitsbegriff des Pragmatismus. Der Hauptunterschied liegt in dem, was Heidegger »ontologische Differenz« nennt, nämlich in der Unterscheidung von Seiendem und Sein. Das lässt an unsere geläufige Unterscheidung von Schein und Wirklichkeit denken, ist aber eher im Sinne der klassischen Metaphysik gemeint. Mit ihr stimmt Heidegger darin überein, dass die erfahrbare Wirklichkeit, das »Seiende«, in seiner Zufälligkeit und Veränderlichkeit als oberflächlich angesehen wird, sich nicht selbst trägt. Es wird getragen durch ein »Sein«, dem die Prädikate einer wirkenden Macht zukommen und dem das Denken unterworfen wird: Das Sein »west an«, »lichtet sich«, »mutet zu«, »nimmt in Anspruch«. Heideggers Seinsbegriff nimmt demnach die Stelle ein, die von der mittelalterlichen Metaphysik Gott zugeschrieben wurde und die in Husserls Logik den Bedeutungen als »idealen Wesenheiten« zukommt.

Heidegger setzt das Sein in Beziehung zur Wahrheit, für ihn fallen Sein und Wahrheit geradezu zusammen. Dieser Schritt hat sehr zum eigenen und unverwechselbaren Profil von Heideggers Denken beigetragen. Er wendet sich damit gegen die traditionelle Auffassung von Wahrheit als Aussagenwahrheit, für die sich logische Kriterien angeben lassen. Durch die Bindung an das Sein verschwimmt der Unterschied von Wirklichkeit und Wahrheit, bzw. Wahrheit wird zur Qualifikation von Wirklichkeit selbst. Das entspricht dem Alltagsgebrauch des Wortes »wahr«, wenn man beispielsweise von »wahrem Gold« im Sinne von echtem, wirklichem Gold im Unterschied zu »Trompetengold« (Messing) spricht. In diesem Sinne bekommt Wahrheit bei Heidegger ein existentielles Gewicht, sie steht für eine den Dingen und der Welt selbst zukommende Evidenz, die unabhängig davon ist, was Menschen darüber denken und sagen. Auf diese Weise lässt sich Wahrheit mit Ursprünglichkeit, Verlässlichkeit usw. verbinden, Qualikationen, die nicht im Belieben der Menschen stehen und auf die sie sich im Umgang mit der Welt verlassen können.

Das Sein selbst ist kein Gegenstand empirischer Erfahrung, ist aber auch kein bloßes Gedankending. Darin unterscheidet es sich von Kants »Ding an sich«, jenem Grenzbegriff einer nichtmenschlichen Erkenntnisform. Heideggers »Sein« gleicht vielmehr Schopenhauers »Willen«, jener unterschiedslosen Urkraft, welche die Welt zusammenhält und die der Mensch am eigenen Leib als Drang unmittelbar erfährt. Bei Schopenhauer ist der Wille als Urgrund der Welt auf die Vorstellung angewiesen, um in Erscheinung zu treten. Nach diesem Muster lässt sich auch die Art, wie Heidegger Sein und Seiendes ins Verhältnis setzt, rekonstruieren: Die realen Dinge des Lebens sind nicht nur zufällige Fakten, sondern Ausdruck einer allumfassenden Kraft, die Mensch und Welt verbindet. Wenn man diesen Gedanken nicht theologisch deuten will, kann man als Parallele auch das Verhältnis von Leben und Form bei Georg Simmel heranziehen. Dieser rekonstruiert das Verhältnis von Leben und Form als tragische Wechselwirkung, da das Leben ohne Form nicht bestehen kann, die Form aber die Entfaltung des Lebens behindert.

Das Verhältnis des Seienden zum Sein, das »Seinsverhältnis«, ist medialer Natur. Das Sein braucht das Seiende, um in Erscheinung zu treten. Nach diesem Modell wird die formelhaft gewordene und viel missbrauchte Rede vom »Sinn von Sein« verständlich. Heidegger will nicht wissen, was Sein ist, aus welchem Stoff es besteht, sondern er fragt, wie der Mensch zur Totalität der Welt steht. Hier tritt die positive Seite der Unbestimmtheit des Begriffs hervor. Statt eine dogmatische materiale Bestimmung des Seins zu geben, beschränkt sich Heidegger auf Beschreibungen seiner Erscheinungsweise. Der »Sinn von Sein« liegt demnach darin, dass die Welt als Ganzes dem Menschen als sie selbst gegeben ist, evident wird. Damit kommt der Mensch als mediales Wesen ins Spiel. Nur er kann durch seine Einstellung und seine Lebensform dem Welthorizont zur Erscheinung verhelfen.

Das geschieht nicht augenblicklich, sondern braucht Zeit. Daher die Verbindung von Sein und Zeit, wobei offen bleibt, ob Zeit idealistisch oder realistisch interpretiert wird. Heidegger hält sich zwar an Husserls Analysen des inneren Zeitbewusstseins, die er herausgegeben hat, aber der Erlebnisstandpunkt schließt eine realistische Auffassung der Zeit nicht aus. Worauf es ankommt, ist die Dynamisierung des Substanzdenkens, das die antike und mittelalterliche Metaphysik beherrscht. In diesem Punkte bewegt sich Heidegger durchaus im *mainstream* des zeitgenössischen Dynamismus von Henri Bergson bis Alfred N. Whitehead.

Das Leben als »Dasein«

Das ontologische Drama der wechselseitigen Abhängigkeit von Sein und Seiendem findet im menschlichen Leben seine tägliche Inszenierung. Heidegger bezeichnet das menschliche Leben als

»Dasein« und definiert es als dasjenige Seiende, dem es »in seinem Sein um dieses Sein selbst geht« (SuZ, 12). Das klingt zunächst wie eine etwas umständliche Umschreibung dessen, was in der klassischen Subjektphilosophie Selbstreflexion heißt. Es besteht aber doch ein Unterschied: Selbstreflexion ist ein vom normalen Bewusstsein unterschiedener Akt, während Heidegger das Seinsverhältnis als permanenten Zustand auffasst. Daher die Formulierung »in seinem Sein«, d.h. im normalen Vollzug des Lebens. Heidegger gebraucht dafür auch den Ausdruck »Existenz«, was ihn deutlich von Husserl distanziert, dem es nicht um die Seinsweise des Bewusstseins geht, sondern um die objektive Realität der Erkenntnis. Das erklärt, warum manche Philosophiegeschichten Heidegger unter der Rubrik »Existenzphilosophie« behandeln.

Das menschliche Dasein bestimmt Heidegger als »Sorge«, zunächst im alltäglichen Sinne von Besorgung, von Selbstsorge, dann im emphatischen Sinne als Wesenszug des menschlichen Lebens. Das praktische Leben hat für ihn immer schon eine kognitive Dimension, die er »auslegendes Verstehen« nennt. Denn der Mensch kann nur in einer Welt leben, die er versteht, und er versteht nur die Welt, in der er lebt. Allerdings ist die »Wahrheit des Seins«, also die verstandene Wirklichkeit, durch menschliche Normierungen und Symbolisierungen verdeckt. Die Aufdeckung der Wirklichkeit oder, wie Heidegger sich ausdrückt, die »Entdecktheit« des Seins ist nur durch umsichtig-besorgenden Umgang mit den Dingen zu erreichen. Erst im praktischen Verhalten geben die Dinge ihre Bedeutsamkeit preis, die einem bloß betrachtenden Geist verborgen bleibt. Daraus ergibt sich die Doppelperspektive von Authentizität und Entfremdung, von »Eigentlichkeit« und »Verfallenheit«, unter der Heidegger alle Daseinsvollzüge als »Geworfenheit« betrachtet und die seine existenzphilosophische Umbildung der Phänomenologie beherrscht.

Hermeneutik der Faktizität

Heideggers Daseinsanalysen, die vom praktischen Lebensvollzug ausgehen, haben der Idee der Phänomenologie eine neue Richtung gegeben. Allerdings nicht die Richtung des philosophischen Pragmatismus, sondern die Richtung der philosophischen Hermeneutik Wilhelm Diltheys, auf den er sich in *Sein und Zeit* unter dem Stichwort »Geschichtlichkeit« ausgiebig bezieht. Für die philosophische Hermeneutik sind die Dinge nicht mehr selbst gegeben, sondern immer als in bestimmter Weise verstandene und interpretierte. Das macht die »Als-Struktur« der Erfahrung aus. Damit kommt die Sprache ins Spiel. Heidegger aber ordnet dem so genannten »apophantischen Als« der Aussage ein »existenzielles Als« vor, womit er deutlich machen will, dass der Mensch seine Welt vorsprachlich im praktischen Lebensvollzug erschließt: »Die Aussage und ihre Struktur, das apophantische Als, sind in der Auslegung und deren Struktur, dem hermeneutischen Als, und weiterhin im Verstehen, der Erschlossenheit des Daseins, fundiert.« (SuZ, 223) Die Sprache verrichtet die Arbeit des praktischen Umgangs nur noch einmal auf begrifflicher Ebene. Diese Einschätzung der Sprache liegt übrigens nicht weit von Wittgenstein entfernt, der Sprachspiele letztlich auf Lebensformen zurückführt.

Heideggers Hermeneutik weist zwar stark pragmatische Züge auf, versteht unter Praxis aber Grundhaltungen des Menschen gegenüber den unvermeidbaren Ereignissen des Lebens wie Geburt, Krankheit und Tod. Damit hat er eine die krisenhafte Zeitstimmung der ausgehenden Weimarer Republik treffende Grundeinstellung formuliert, für die er ein ganzes Arsenal von programmatischen Schlüsselbegriffen bereitstellt: »Befindlichkeit«, »Geworfenheit«, »Entschlossenheit«, »Sein zum Tode« usw. Die durchschlagende Wirkung seiner Weltsicht beruht darauf, dass er nicht bei Spenglers Pessimismus stehen bleibt, sondern aus der bedrohlichen Seite der *conditio humana* einen heroischen Willen zur Selbstbehauptung des Menschen ableitet. So gelingt es Heidegger, im Rückgriff auf Dilthey aus der phänomenologischen Beschreibung eine hermeneutische Auslegung des In-der-Welt-seins zu machen, die mehr sein will als eine Weltanschauung, nämlich eine Aufforderung, Resignation und Weltangst durch »Entschlossenheit« zu überwinden. Im Sinne der Erschlossenheit der Welt für das Dasein ist Heideggers Begriff der Wahrheit als »Unverborgenheit« (*A-letheia*) des Seins zu verstehen. Ein metaphysisches Konzept, das freilich seitens der logischen Semantik auf heftige Kritik gestoßen ist.

An Heideggers existentiellen Weltbegriff konnte beispielsweise der Psychiater Ludwig Binswanger anknüpfen, der die Hermeneutik der Faktizität zum Instrument für psychoanalytische Behandlungen entwickelt hat. Die von Binswangers existenzialphänomenologischer Psychiatrie ausgehende Breitenwirkung kann für die Akzeptanz Heideggers im Nachkriegsdeutschland nicht hoch genug veranschlagt werden. Spiegelte sie doch die Traumata des Bildungsbürgertums, das noch den Idealen des humanistischen Gymnasiums anhing. Hier zeigt sich die enge Verflechtung der heideggerschen Philosophie mit dem Zeitgeist, dessen Wandel dazu geführt hat, dass Heidegger nach 1968 nicht mehr die Breitenwirkung der 1950er Jahre erreicht hat. Dazu beigetragen hat nicht zuletzt die Denunzierung seiner Sprache als »Jargon der Eigentlichkeit« durch Theodor W. Adorno.

Auf Seitenwegen allerdings hat Heideggers ontologischer Wahrheitsbegriff weitergewirkt, so dass sein Denken auch in »dürftiger Zeit« (Karl Löwith) immer präsent blieb. Eine starke Wirkung ging von seiner Schrift *Vom Ursprung des Kunstwerks* (1936) aus, die der bedeutendste Schüler Heideggers, Hans-Georg Gadamer, 1960 als Reclam-Bändchen herausgegeben hat.

Hier werden die Prädikate des Daseins wie Welt, Sein und Wahrheit auf das Kunstwerk übertragen. Nach Heidegger bildet Kunst nicht ab, sondern macht an der Wirklichkeit das sichtbar, was dem alltäglichen Umgang entgeht, nämlich den Weltcharakter, den die Lebenswirklichkeit für den Menschen hat. Darin liegt die Wahrheit als »Lichtung des Seins«, die das Kunstwerk mit dem Dasein in Form der Eigentlichkeit teilt. Gadamer hat mit seinem hermeneutischen Hauptwerk *Wahrheit und Methode* (1960) an Heideggers Auffassung von der Kunst als der Machbarkeit entzogenes »Wahrheitsgeschehen« angeknüpft.

Zeitlichkeit und Nichts

Den geplanten zweiten Teil von *Sein und Zeit* hat Heidegger nicht geschrieben. Dafür gibt es einen sachlichen sowie einen ideologisch-politischen Grund. Sachlich war der intellektualistische Zeitbegriff, dem zufolge Zeit aus einer Reihung von diskreten Gegenwartsmomenten besteht, durch Henri Bergsons Begriff der Dauer sowie durch Husserls Vorlesung über das innere Zeitbewusstsein überwunden. Das Kontinuum der erlebten Zeit, so das Fazit aus Husserls Analysen, entsteht durch einen Fluss gerade vergangener sowie bevorstehender Jetztmomente. Sie werden »Retention« und »Protention« genannt und dürfen nicht mit Wiedererinnerung und ferneren Erwartungen verwechselt werden. Kontinuität wird demnach nicht hinzugedacht, sondern die Zusammengehörigkeit der Bewusstseinszustände ist unmittelbar gegenwärtig, so dass man sagen kann: Zeit ist nicht im Bewusstsein, sondern Bewusstsein ist immer in der Zeit.

Heidegger, der Husserls *Vorlesungen zur Phänomenologie des inneren Zeitbewußtseins* (1905) im *Jahrbuch* von 1928 veröffentlicht hat und der ein feines Gespür dafür besaß, wo fruchtbare

Ansätze liegen, hat darauf verzichtet, hier weiterzuarbeiten. Er gibt Husserls Beschreibungen durch Akzentuierung der Zukunft zwar ein neues existentielles Gewicht, aber es ist schwer vorstellbar, wie dessen ursprüngliche Einsicht in die unhintergehbare Kontinuität des Erlebnisstroms hätte überboten werden können. So wäre Heidegger nicht darum herumgekommen, sachlich eng an seinen Lehrer anzuknüpfen, was ihn im Nationalsozialismus ideologisch kompromittiert hätte. Das dürfte mit ausschlaggebend dafür gewesen sein, dass er es vorgezogen hat, nach *Sein und Zeit* statt am Zeitproblem an der »ontologischen Differenz« weiterzuarbeiten. Das geschieht in seiner Freiburger Antrittsvorlesung *Was ist Metaphysik?* aus dem Jahre 1929. Unter Bezugnahme auf einen Satz aus Hegels Logik: »Das reine Sein und das reine Nichts ist also dasselbe« versucht er nachzuweisen, dass das Sein des Seienden seinen Ursprung im Nichts hat und dass die Angst des Daseins Ausdruck der »Anwesenheit« des Nichts ist. Mit derartigen metaphysischen Konstruktionen wendet Heidegger sich gegen die Orientierung der Philosophie an der wissenschaftlichen Rationalität: »Die Philosophie kann nie am Maßstab der Wissenschaft gemessen werden.« (*Was ist Metaphysik?*, 41) – ein Satz, der Husserl als Hörer der Antrittsvorlesung wie ein Schlag treffen musste. Hinzu kommt, dass Heidegger in der Vorlesung beginnt, die Sprache pseudodichterisch zu verdichten. Heraus kommen Sentenzen wie beispielsweise: »Das Nichts selbst nichtet.«

Kritik an Heideggers Denkstil

Es konnte nicht ausbleiben, dass sich gegen Heideggers Rehabilitierung der negativen Metaphysik scharfe Kritik erhob. Insbesondere Rudolf Carnap hat 1931 in einem in der Zeitschrift *Er-*

kenntnis erschienenen Artikel *Überwindung der Metaphysik durch logische Analyse der Sprache* Heideggers Antrittsvorlesung vom logischen Standpunkt als Ansammlung von Scheinsätzen entlarvt, die ihre scheinbare Bedeutsamkeit einer »Sphärenvermengung«, man kann auch sagen: einem Kategorienfehler verdanken. Ob man es bei Heidegger mit der Feststellung eines Kategorienfehlers bewenden lassen kann, daran kommen einem Zweifel, wenn man im 1943, dem Jahr der Schlacht von Stalingrad, veröffentlichten *Nachwort* zur Antrittsvorlesung Sätze wie diesen liest: »Das Opfer ist die allem Zwang enthobene, weil aus dem Abgrund der Freiheit erstehende Verschwendung des Menschenwesens in die Wahrung der Wahrheit des Seins für das Seiende [...]« (*Was ist Metaphysik?*, 49)

In seinem Buch *Kant und das Problem der Metaphysik* (1929) interpretiert Heidegger Kant als Metaphysiker und stellt die Frage nach dem Sein unabhängig von der Urteilslehre, da er im Urteil den »Tod der Wahrheit« vermutet. Dagegen hat sich Heideggers neukantianischer Lehrer Heinrich Rickert gewandt, indem er an die Abhängigkeit des Begriffs vom Urteil erinnert und gegenüber dem fundamentalontologischen Monismus für einen Pluralismus der Deutungen plädiert, der die Welt in ihrer Mannigfaltigkeit zu ihrem Recht kommen lässt: »Den Versuch zu einer solchen, mit Hilfe von Alternativen zur Ganzheit vordringenden Erkenntnis werden wir auch, ja gerade dort machen, wo es sich um die verschiedenen Arten des Seins der Welt handelt, also in der Ontologie.« (*Kennen und Erkennen*, 155) Daher findet Heideggers Interpretation in der erkenntnistheoretisch ausgerichteten Kant-Forschung kaum Berücksichtigung, da sie mehr über Heidegger selbst als über Kant aussagt.

Heidegger hat sich von keinem seiner Kritiker beeindrucken lassen, und darin liegt sicherlich die Stärke seines Denkens. Was trotz methodischer und sachlicher Bedenklichkeiten ihm noch zum Ruhme gereicht, verkehrt sich bei seinen Epigonen allerdings zu einem stilistischen Eigensinn, der sich in der Hypostasierung ontologischer Prädikate gefällt. »Während L. Wittgensteins ›Sprachspiele‹ die Sprache als ein unzulängliches Instrument im Hinblick auf wissenschaftliche Genauigkeit prüfen, kreist Heideggers bohrender Ernst um die Sprache als nutzloses Selbstgespräch, ›denn die philosophischen Probleme entstehen, wenn die Sprache feiert‹.« Diese unüberhörbare Mahnung, die Karl Löwith 1953 in seiner Aufsatzsammlung *Heidegger. Denker in dürftiger Zeit* (42) ausgesprochen hat, ist offenbar nicht überall gehört worden. So ist es nur verständlich, dass die »Heideggerei« bei amerikanischen Philosophen als spezifisch deutsche Kopfkrankheit in Verruf geraten ist. Bei aller berechtigten Kritik würde man der Phänomenologie heideggerscher Prägung aber nicht gerecht, wenn man ihre Breitenwirkung nur als Symptom eines pseudoreligiösen Sprachfetischismus betrachtete. Der Dialektik von Sein und Nichts lässt sich durchaus ein nachvollziehbarer Sinn abgewinnen, wenn man das Nichts gestaltpsychologisch als den unthematisierten Hintergrund interpretiert, vor dem alle Seinssetzungen erfolgen. Kognitionswissenschaftlich handelt es sich um den blinden Fleck, der das Sehen ermöglicht, und existentiell um die Grundlosigkeit, die den Menschen als Langeweile (Schopenhauer) oder als Angst (Kierkegaard) überfällt. Heideggers Metaphysik lässt sich demnach als heroischer Versuch lesen, der Negativität der menschlichen Existenz eine positive Seite in Form von »Eigentlichkeit« und »Entschlossenheit« abzugewinnen. Wozu man sich entschließt, kann freilich schlimme Konsequenzen haben, wie Heideggers Verstrickung in den Nationalsozialismus belegt. Allerdings ist auch nach der Veröffentlichung der *Schwarzen Hefte* festzuhalten, dass Heideggers Antisemitismus nicht rassistisch begründet ist. Er folgt dem Klischee vom »Ewigen Juden«, der jede Bodenständigkeit verloren hat. Diese Typologie war in der Gemeinschaftsideologie des deutschen Bildungsbürgertums fest verankert. Ironischerweise wollte man selbst im Hause Husserl mit »den Juden« nichts zu tun haben.

Heidegger als Zivilisationskritiker

Heideggers Philosophieren nach der »Kehre« (wahrscheinlich gebildet nach Ernst Jüngers metaphorischer Verwendung des Ausdrucks »Schleife« beim Skifahren) nimmt öffentlich die Form einer konservativen Zivilisationskritik an. Nach allgemeiner Auffassung ist Heideggers Spätphilosophie dadurch bestimmt, dass er »Sein« immer stärker als selbständige Wesenheit begreift. Damit rückt auch die Ursprungsfrage in den Vordergrund, wodurch das menschliche Dasein depotenziert, zum passiven Medium des in Erscheinung tretenden, »sich entbergenden« Seins degradiert wird (vgl. K.-H. Lembeck, *Einführung in die phänomenologische Philosophie*, 119). Der moderne Mensch, der in seinem Selbstverständnis auf die Autonomie des handelnden Subjekts eingeschworen ist, sieht darin einen Rückfall in vormodernen Schicksalsglauben. Daher geriet Heidegger nach dem Zweiten Weltkrieg infolge seiner politischen Verstrickung sowie der zunehmend irrationalistischen Tendenzen seines dichtenden Denkens in die Schusslinie der Kritik seitens der Kritischen Theorie des Frankfurter Instituts für Sozialforschung. Die Kritik der Frankfurter am Ontologismus ist nachvollziehbar, aber die Ironie der Geschichte liegt darin, dass auch und gerade die politisch motivierten Kritiker unterschwellig durchweg von Heideggers Denunzierung der Wissenschaft als »instrumenteller Vernunft« beeinflusst sind. Und über die Epoche der 1968er hinaus gilt: Je mehr Heidegger das Sein als Grund des Daseins hervorhebt, desto stärker trifft er die moderne bzw. postmoderne Lebenswirklichkeit der durchgehenden Medialisierung der Welt einschließlich des Menschen selbst. Wenn man bei Heidegger das Ursprungsdenken streicht, tritt in seiner Zielsetzung: »was sich zeigt, so wie es sich von ihm selbst her zeigt«, im Logos sehen zu lassen, als medialer Wirklichkeitsbegriff hervor.

Die Öffnung des Denkens zur Medialisierung der Welt findet beim späten Heidegger ihren Ausdruck in der immer stärkeren Hinwendung zur Sprache. Sie bildet die Brücke, auf der Gadamer die Phänomenologie seines Lehrers in eine universalhermeneutische Philosophie transformieren konnte. Die Entwicklung vom Sein zur Sprache wurde dadurch möglich, dass Heidegger Sprache nicht wie in der modernen sprachanalytischen Philosophie handlungstheoretisch auffasst, sondern die anonymen Strukturen der Sprache als Geschehen in den Vordergrund stellt. Damit wird die Sprache gleichsam zum Sprachrohr des Seins, dem eine eigene, von der menschlichen verschiedene Geschichte zugesprochen wird. Von ideologischen und politisch nicht ungefährlichen Aspekten dieses Ontologismus einmal abgesehen, hat Heidegger doch darin Recht, dass die Sprache als Medium der Welterschließung nicht restlos in Sprachhandlungen aufgelöst werden kann. Als Systeme von relativer Selbständigkeit geben die natürlichen Sprachen den Menschen unbewusste Leitlinien ihrer Welterschließung.

Trotz oder gerade wegen seiner Absage an den erkenntnistheoretischen Begründungsdiskurs ist es Heidegger gelungen, metaphysische oder ontologische Denkformen in Beschreibungen der menschlichen Welterfahrung zu transformieren, die der modernen Lebensrealität erheblich näher kommen als Husserls Modell des intentionalen Bewusstseins. Heidegger huldigt keinem naiven Anthropozentrismus, sondern seine Daseinsanalysen bemühen sich, die bedrohliche Faktizität des subjektiven

Standpunkts für den Menschen erträglich zu machen, ohne in einem wirklichkeitsfremden Idealismus Zuflucht zu suchen. Er begreift das menschliche In-der-Welt-sein als pragmatisch orientierte Bedeutungszusammenhänge. Diese bilden die Grundlage einer Situationssemantik, die der Formel »Sinn von Sein« eine Bedeutung gibt, die über die rein ontologische Interpretation, es handele sich um eine Bezeichnung für verschiedene Arten von Sein, hinausgeht. Husserls Überzeugung von der »Lesbarkeit der Welt« hat in Heideggers »Sinn von Sein« ihre objektive Entsprechung. Denn Lesbarkeit setzt Sinn voraus, und dieser braucht einen logischen Ort, an dem er auffindbar ist. Vielleicht führt es nicht zu weit von Heideggers Intention ab, wenn man seinen Begriff von Sinn mit »Bedeutsamkeit« übersetzt – eine Lesart, die Mensch und Welt miteinander verbindet.

6. Phänomenologie der Freiheit

»Husserls Traum vom ewigen Frieden in der Philosophie enthüllt sich so als ein Wunschbild und nicht einmal als ein schönes, ja als gefährlich für das Verantwortungsgefühl der Ratio gegenüber, die nicht mißtrauisch genug gegen alles das sein kann, was Ewigkeit, Kontinuität und Gemeinschaft vortäuscht. Keine Macht aber ist darin abgründiger als die Sprache. Ihr vertraut die Phänomenologie zuviel, gerade weil sie, mit dem alltäglichen Gerede unzufrieden, alles Heil von einer Aufklärung der eigentlichen, erfüllten, der Urbedeutungen erwartet, die mit den Sachen wesenhaft verwachsen sind. Noch braucht nicht, wie bei Heidegger, das sich von ihm selbst her Zeigende, das Phainómenon, mit dem Legómenon, dem Aufgezeigten, dem treffend Gesagten zusammenfallen. Schon Husserls Glaube an eine natürliche Eindeutigkeit der meinenden Ausdrücke, denen die Sachen gewissermaßen direkt gegenüberliegen, genügt. Die Wahrheit braucht nicht der Sprache ausgeliefert zu werden, das Zutrauen zu ihrer Gewaltlosigkeit und, wenn auch immer wieder verschütteten, Ursprünglichkeit reicht hin, um das Selbstvertrauen der Vernunft zu täuschen.«

Mit dieser hellsichtigen Äußerung hat Helmuth Plessner in seinem 1938 erschienen Aufsatz *Phänomenologie. Das Werk Edmund Husserls* (in: *Zwischen Philosophie und Gesellschaft*, 65) die prekäre Lage der Phänomenologie beschrieben. Sie macht verständlich, was aus der Phänomenologie werden konnte, sobald sie auf einen anderen als den Freiburger Nährboden fiel. Dieser Nährboden war Frankreich, genauer das Elsass, aus dem die Familie von Jean-Paul Sartre (1905-1980) stammt. Nicht zufällig hat Sartre seiner Kindheitsgeschichte den zunächst unverständlichen Titel

Die Wörter (1963) gegeben. Eben aus dem Grund, den Plessner mit seiner Skepsis gegenüber der phänomenologischen Sprachgläubigkeit nennt. *Die Wörter* sind deshalb mehr als eine Autobiographie, die das Private öffentlich macht. Sie sind eine Zeitdiagnose, die erkennen lässt, wie sich im scheinbar einmaligen Familienschicksal eines Menschen die Spannungen eines ganzen Jahrhunderts ankündigen.

Sartre ist diesen Spannungen nicht ausgewichen. Sein Werk, das sich von vornherein zwischen Dichtung und Philosophie bewegt, beschreibt die Situation eines Menschen, dem das Weltvertrauen abhanden gekommen ist und der sich der Zufälligkeit oder Kontingenz seiner Existenz ausgeliefert sieht. »Existentialismus« könnte man demnach mit »Theorie der Kontingenz« übersetzen. Berühmt dafür sind Sartres Schilderungen der Existenzerfahrung in seinem philosophischen Roman *Der Ekel* (1938). Hier ist es die Konfrontation des isolierten Subjekts mit der Natur, später verschiebt sich der Akzent auf die Erfahrung der Intersubjektivität. Insbesondere in seinen Dramen *Bei geschlossenen Türen* (1945) oder *Die Eingeschlossenen von Altona* (1960) entpuppt sich der Andere oder die Gruppe als Bedrohung der Freiheit, die der Einzelne nur bewahren kann, wenn er sich selbst als Teil der Gruppe versteht. Diese Grunderfahrung hat Sartre später zur politischen Aktion geführt, wobei er im Marxismus die Philosophie sah, die seine Zeit auf den Begriff zu bringen in der Lage sei. Sieht man von eklatanten politischen Fehleinschätzungen ab, so muss man Sartre zugute halten, dass er keineswegs einem dogmatischen Marxismus das Wort redet. In seiner Schrift *Marxismus und Existentialismus* (1964) macht er deutlich, dass der Begriff des Klassenbewusstseins nicht ausreicht, die Komplexität des gesellschaftlichen Lebens einschließlich seiner vielfältigen Entfremdungserscheinungen zu erfassen.

Vom Sein zum Nichts

Sartre, der nach eigenen Angaben Husserls und Heideggers Schriften 1933/34 während seines Aufenthalts am Institut Français in Berlin kennen gelernt hat, folgt in seinem Denken von vornherein Heideggers In-der-Welt-sein. Das belegt auch der Titel seines Hauptwerks *Das Sein und das Nichts* (1943), das im Stil und in der Begrifflichkeit starke Anklänge an Heidegger erkennen lässt. So ist es nicht verwunderlich, dass dem amerikanischen Leser *Das Sein und das Nichts* als »eigentümlich teutonisches Buch« (so Arthur C. Danto in seiner Sartre-Monographie) vorkam. Die Ersetzung der Zeit durch das Nichts spiegelt die Kriegserfahrung der absoluten Unsicherheit des menschlichen Daseins. Man kann bei Sartre von einer negativen Ontologie sprechen. Die Zeit, in deren Kontinuität Heidegger zunächst den »Sinn von Sein« zu entdecken meinte, erklärt Sartre als schwarzes Loch, das den Menschen zu verschlucken droht. Darin stimmt er mit Albert Camus' Denken des Absurden überein, mit dem er in der Hochblüte des Existentialismus oft in einem Atemzug genannt wurde.

Während ein Ding nach Sartre ganz das ist, was es ist (»An-sich-sein« – *l'être-en-soi*), ist die Seinsweise des Menschen wie bei Heideggers »Dasein« durch ein Selbstverhältnis bestimmt, das darin besteht, die Grundlosigkeit des Seins oder, wie Sartre sich ausdrückt, den »permanenten Mangel an Sein« auszugleichen (»Für-sich-sein« – *l'être-pour-soi*). In seiner Bestimmung des Menschen als ein sich ständig nach Sein sehnendes Wesen artikuliert Sartre ein für seine Zeit prägendes Unbehagen an der Zufälligkeit und Einsamkeit der individuellen Existenz, das noch intensiver erlebt wird als Heideggers Existenzial der Sorge. So wird aus Heideggers Existenzphilosophie der Existentialismus. Beide machen Aussagen über das menschliche Lebensgefühl, das die Welt noch vor der begrifflichen Kategorialisierung erschließt. Wie Heidegger die Todeserwartung zum Gegenstand eines Heroismus der Entscheidung zum Sein gemacht hat, so hat Sartre aus der Erfahrung der Kontingenz eine bis zur Selbstzerstörung gesteigerte Intensivierung des Willens zum Leben gemacht. Heidegger wehrte sich heftig gegen jede entdramatisierende Umdeutung seiner Ontologie in Anthropologie oder Psychologie, und für Sartre gilt: *essentia sequitur existentia* (»Das Wesen folgt dem Dasein«). So hat die Absolutsetzung der Existenz als Geworfenheit eine intellektuelle Bewegung, zum Teil auch Mode erzeugt, die weit über die akademische Philosophie hinausreichte und den Lebensstil einer ganzen Generation geprägt hat.

Der pessimistischen Deutung der Geworfenheit des Menschen begegnet Sartre dadurch, dass er Existenz als radikale Freiheit der Wahl definiert, was sich politisch im permanenten Engagement niederschlägt. Der Aktivismus von Sartres Existenzbegriff ist nicht unproblematisch und hat zu breiten theoretischen und politischen Auseinandersetzungen geführt. Unverkennbar aber ist, dass er mit dem Engagement auf Husserls Cartesianismus zurückgreift. Wie tief sich Sartre in die Bewusstseinsproblematik eingegraben hat, belegt das Protokoll einer Sitzung der Société Française de Philosophie aus dem Jahre 1948, in dem er die Seinsdimension des Subjekts unter dem Titel *Bewußtsein und Selbsterkenntnis* in Auseinandersetzung mit Husserls Cartesianismus darlegt. Dieser hoch abstrakte Text, der selbst für Fachphilosophen schwer verständlich ist, ist als Versuch zu lesen, die Problematik der phänomenologischen Bewusstseinstheorie zu klären. Sartre hält mit Husserl an der Intentionalität fest, folgt ihm aber nicht in der transzendentalen Deutung. Schon in seiner Frühschrift *Die Transzendenz des Ego* (1936/37) hält er die Annahme eines von den Erlebnissen unterschiedenen transzendentalen Subjekts für überflüssig. Dagegen entwickelt er in *Das Sein und das Nichts* eine Theorie des »präreflexiven Cogito«. Er versteht darunter die passive oder zuständliche Seite der Subjektivität, die das normale In-der-Welt-sein ausmacht. Damit bricht in Sartres Ontologie die Spannung zwischen Spontaneität und Rezeptivität hervor, die schon in Husserls Bewusstseinsanalysen angelegt ist. Ein Indiz dafür ist, dass Sartre, der zunächst mit Husserl den freudschen Begriff des Unbewussten kategorisch ablehnt, am Ende von *Das Sein und das Nichts* das Projekt einer »existentiellen Psychoanalyse« entwirft.

Mit der Ontologie des präreflexiven *Cogito* gelingt es Sartre, Heideggers ontologische Differenz zwischen Seiendem und Sein zu unterlaufen. An ihre Stelle tritt die Erfahrung des Anderen, dessen Existenz für Sartre gewisser ist als die eigene Personalität. Der Andere wird nicht primär als Kommunikationspartner erlebt, sondern als Konkurrent, gegen den sich das vom Mangel an Sein geplagte Subjekt zur Wehr setzen muss. Gleichzeitig aber kann das Individuum in seiner Kreatürlichkeit und Körperlichkeit auf den Anderen nicht verzichten. Die unverzichtbare Intersubjektivität akzentuiert noch einmal die Paradoxie der menschlichen Existenz, die Husserl schon für das Weltbewusstsein konstatiert hatte. Sartre hat diese Paradoxie später unter dem Einfluss des Marxismus als Dialektik der Vernunft aufzulösen versucht. Damit erweitert er die Subjektphänomenologie sozialpsychologisch zur politischen Philosophie, in der anders als im dialektischen Materialismus das Bewusstsein den Primat vor dem Sein behält.

Imagination und Negation

Über die lebensweltliche und sozialphilosophische Dimension hinaus bewahrt Sartre mit seiner Theorie des präreflexiven *Co-*

gito doch einen streng phänomenologischen Kern. Dieser tritt hervor, wenn man nach der systematischen Stelle fragt, die bei Sartre das Nichts einnimmt. Hinter dem ontologischen Vokabular, das viele Leser fasziniert hat, das aber auch zu kritischen Distanzierungen seitens rationalistisch und sprachanalytisch ausgerichteter Denker geführt hat, verbirgt sich eine Strukturanalyse der Erfahrung, zu der Sartre in seinem Frühwerk *Das Imaginäre* (1940), das den Untertitel *Phänomenologische Psychologie der Imagination* trägt, den Grundstein gelegt hat. Hier geht er von Husserls Begriff des intentionalen Bewusstseins aus, gibt der Intentionalität aber eine neue Deutung. Das Über-sich-hinausweisen, das Außer-sich-selbst-sein des Bewusstseins führt Sartre auf die Möglichkeit einer Distanzierung gegenüber Triebzielen zurück, wodurch der Mensch gegenüber dem triebgebundenen Verhalten der Tiere mehr Spielraum gewinnt. Die Distanzierung ist Überschreitung der realen Dinge und Sachverhalte und ermöglicht ihre Erfassung als Totalität, d.h. als Welt. Ausgangspunkt ist für Sartre immer die konkrete Situation, so dass er Heideggers In-der-Welt-sein als Situiert-sein auffasst. Die Situation ist ihm deshalb so wichtig, weil sie die Motivation erklärt, aus der heraus das intentionale Bewusstsein agiert.

Die Welt als permanenter Hintergrund aller menschlichen Erfahrung entsteht dadurch, dass der Mensch der realen Situation ein Bild entgegensetzt, das ihn von der Kontingenz befreit. Das ist für Sartre aber kein Fluchtmechanismus, sondern die Schaffung eines »Welt« genannten Mediums, in dem Wirklichkeit vom Standpunkt des Unwirklichen erfahrbar wird. Die Aufdeckung der Wirklichkeit setzt die Entwirklichung der als brutale Faktizität erfahrenen Realitäten voraus. Diese von Heidegger »Überschreitung« genannte Funktion identifiziert Sartre mit der Imagination, die damit zum wesentlichen Bestandteil jedes Bewusstseins aufrückt: »Es ist ebenso absurd, ein Bewußtsein anzunehmen, das nicht imaginieren kann, wie ein Bewußtsein anzunehmen, das nicht als Cogito erfahren wird.« (*Das Imaginäre*, 299) Sartres Gleichsetzung von Denken und Einbildungskraft macht Ernst mit dem Diktum Husserls, die Imagination sei das Lebenselement der phänomenologischen Forschung. In subtilen Analysen der Bildbetrachtung macht Sartre deutlich, dass Zeichen und Bild unterschiedliche Formen der Repräsentation sind, die sich aber beide gegenseitig stützen. Intentionales Bewusstsein heißt demnach, durch das Imaginäre Wirklichkeit erfahren, die damit ihr An-sich-sein einbüßt und, wie es heute heißt, zu »virtueller Wirklichkeit« wird. Mit dieser Umdeutung der Intentionalität gelingt es Sartre, sein Streben nach konkreter Wirklichkeit mit der Absolutheit des Bewusstseins zu verbinden und so den Dualismus von erkenntnistheoretischem Idealismus und Realismus zu überwinden.

Sartre begründet seine Auffassung von Intentionalität so: Bewusstsein ist immer auf den Gegenstand gerichtet, aber im Unterschied zur Wahrnehmung wird in der Imagination der vorgestellte Gegenstand aus dem Kontext der Realität herausgenommen, er wird als »abwesend« oder »nichts« gesetzt. Zugleich aber wird die Welt als Totalität des Realen durch die Imagination negiert: »zwei komplementäre Negationen, die sich gegenseitig bedingen« (*Das Imaginäre*, 285). Imagination und Negation gehören zusammen, da das, was negiert wird – beispielsweise, dass die Wiese grün ist –, in der Vorstellung präsent sein muss. Dieses Wechselverhältnis gilt aber auch für das Weltbewusstsein selbst, das als Überschreitung der Einzeldinge immer einen Fluchtpunkt braucht, von dem aus das Gegebene in seiner Totalität als Welt erfasst wird. Diese bewusstseinstheoretische Analyse lässt sich zwanglos in sprachanalytische Sachverhalte übersetzen. So heißt es in Arthur C. Dantos Monographie *Sartre* (1975): »Ich glaube, dass der ganze hochgestochene Apparat des Nichts im Denken

Sartres nur eine andere Ausdrucksweise für den Unterschied zwischen Zeichen und bezeichnetem Gegenstand ist [...]« (95)

Das Imaginäre als Struktur des intentionalen Bewusstseins bildet die phänomenologische Leitidee, von der aus die bekannten Beschreibungen der »menschlichen Realität« (»réalité humaine«, so die Übersetzung von Heideggers »Dasein«) in *Das Sein und das Nichts* verständlich werden. Das gilt für die Rolle, die Sartre dem Anderen zuteilt. Anders als bei Husserl, der Intersubjektivität zur Erklärung der Objektivität heranzieht, wird der Andere durch seinen »Blick« als Bedrohung und Zerstörung der Eigenwelt des isolierten Subjekts erfahren. Denn im Blick liegt eine fremde Perspektive, ein fremdes Imaginäres, das niemals vollständig mit dem eigenen Horizont zur Deckung gebracht werden kann. Das gilt auch für die Erfahrung des fremden Leibes, der in seiner Konkretheit und Individualität fasziniert, aber auch im Liebesakt keine definitive Verschmelzung gewährt.

Freiheit in der Situation

Die Theorie des Imaginären wirft auch Licht auf Sartres Freiheitslehre, auf sein aktualistisches und aktivistisches Verständnis der Freiheit als permanente Wahl zwischen dem Sein und dem Nichts. Eindrucksvoll sind nach wie vor die Analysen der Situationsgebundenheit menschlichen Handelns in *Das Sein und das Nichts*, die zu dem berühmten »Paradox der Freiheit« führen: »Es gibt Freiheit nur *in Situation*, und es gibt Situationen nur durch die Freiheit. Die menschliche Realität begegnet überall Widerständen und Hindernissen, die sie nicht geschaffen hat; aber diese Widerstände und Hindernisse haben Sinn nur in der freien Wahl und durch die freie Wahl, welche die menschliche Realität *ist*.« (SN, 845) Die Faktizität der Freiheit wird in eindringlichen Beschreibungen der »Unaufrichtigkeit«, der »Liebe« sowie des »Sadismus« expliziert. Hier scheint ein sonst bei Sartre kaum sichtbarer Bezug zur theologischen Denkform der Rechtfertigung des Menschen durch Gottes Gnade und Liebe auf. Die erotische Liebe betrachtet er als einzig mögliche innerweltliche Form der Erlösung von der Grundlosigkeit seiner Existenz: »Während wir, bevor wir geliebt wurden, beunruhigt waren von dieser ungerechtfertigten [frz. *injustifiée*, *injustifiable*; daher lautet die korrekte deutsche Übersetzung: »nicht gerechtfertigten, nicht zu rechtfertigenden«] Protuberanz, die unsere Existenz war, während wir uns als ›zu viel‹ fühlten, fühlen wir jetzt, daß diese Existenz in ihren kleinsten Einzelheiten von einer absoluten Freiheit übernommen und gewollt wird, deren Bedingung sie gleichzeitig ist – und daß wir uns selbst samt unserer eigenen Freiheit wollen. Das ist der Grund für die Liebesfreude, wenn sie existiert: uns gerechtfertigt fühlen, dass wir existieren.« (SN, 649 f.) Mit der Rechtfertigung allein durch die erotische Liebe nähert sich Sartre in gewisser Weise der Wertphilosophie Schelers an, die er zu Beginn von *Das Sein und das Nichts* noch strikt zurückweist: »Bei keinem Wert finde ich und kann ich Zuflucht suchen vor der Tatsache, daß ich es *bin*, der die Werte am Sein erhält; nichts kann mich gegen mich selbst sichern, abgeschnitten von der Welt und meinem Wesen durch dieses Nichts, das ich *bin*, habe ich den Sinn der Welt und meines Wesens zu realisieren: ich entscheide darüber, allein, unlegitimierbar [frz. *injustifiable*: nicht zu rechtfertigen] und ohne Entschuldigung.« (SN, 108) Die Rechtfertigungslosigkeit des Menschen, die sich in negativen Stimmungen wie Ekel, Angst und Minderwertigkeitsgefühl niederschlägt, bleibt nicht das letzte Wort. Am Ende erzeugt doch die erotische Liebe mit ihrer Verschränkung von Anspruch und Hingabe das Verantwortungsgefühl, mit dem das Individuum vor sich und vor dem Anderen bestehen kann.

Die Liebe ist für Sartre der Raum der Dialektik, da hier die Erfahrungen und Erwartungen des Menschen in einer Form repräsentiert werden, die an Widersprüchlichkeit alle anderen Erfahrungen übersteigt. Damit wird Heideggers Absolutsetzung der Todeserfahrung ersetzt durch einen alle Kontingenzen übersteigenden und überwindenden Willen zum individuellen Leben. Sicherlich kommt die begriffliche Klärung des Freiheitsbegriffs, insbesondere die Vereinbarkeit von Freiheit und Determinismus, bei Sartre zu kurz. Aber das ändert nichts an der Durchschlagskraft seines existentialistischen Freiheitspathos. Sie beruht auf der Intensität des Lebensgefühls, die den Augenblick der Wahl aus dem Strom des normalen Lebens heraushebt. Freiheit ist demnach keine Unterbrechung der Kausalität, sondern eine Verdichtung des gesamten Lebensverlaufs im Augenblick der Wahl. Sartre war der Überzeugung, dass das Leben als permanente Folge von existentiellen Augenblicken lebbar sei, eine Überzeugung, die sich freilich als problematisch erwiesen hat, da sie zur Überforderung des menschlichen Bewusstseins führen würde. Ein eindringliches literarisches Zeugnis dieser Problematik liefert Simone de Beauvoirs Roman *Sie kam und blieb* (*L'invitée*, 1953), der das Scheitern einer offenen Zweierbeziehung durch die Ansprüche eines Dritten schildert. Insofern erhält Sartres berühmter Satz »Wir sind zur Freiheit verurteilt« einen tieferen Doppelsinn, der die Stärken und zugleich die Grenzen des Existentialismus als Lebensform erkennen lässt.

Wahrnehmung und Verhalten

Die Vorbehalte gegenüber dem radikalen Freiheitspathos trennen den zweiten Hauptvertreter der Phänomenologie in Frankreich, Maurice Merleau-Ponty (1908-1961), von Sartre. Das ergibt sich schon daraus, dass Merleau-Ponty sich enger an Husserls Analysen der Wahrnehmung als an Heideggers Existenzialanalysen anschließt. Während bei Sartre eine tiefe Abneigung gegen metaphysische Sinngebung zu spüren ist, macht Merleau-Ponty ausgiebigen Gebrauch vom Sinnbegriff – ja, seine Auffassung vom Menschen als körperlich-geistigem Wesen firmiert unter dem Begriff »inkarnierter Sinn«. Dabei ist zu beachten, dass in der französischen Weiterentwicklung der Phänomenologie Henri Bergson eine nicht zu unterschätzende Rolle spielt. Sein Beitrag liegt darin, dass er am phänomenalen Bewusstsein die passive oder zuständliche Seite gegenüber der Intentionalität herausgearbeitet hat. Das Verhältnis von Husserl und Bergson, die übrigens nie persönlich zusammengetroffen sind, aber in ihren Bewusstseinsanalysen durch die gemeinsame Bezugnahme auf William James zu ähnlichen Ergebnissen gelangten, hat in Deutschland bisher zu wenig Aufmerksamkeit auf sich gezogen, wahrscheinlich, weil Bergson vorschnell als lebensphilosophischer Irrationalist abgestempelt worden ist.

Im Vorwort zu seinem Hauptwerk *Die Phänomenologie der Wahrnehmung* (1945) gibt Merleau-Ponty eine prägnante Darstellung der Idee der Phänomenologie, die Husserls und Heideggers Positionen verbindet:

»Es kommt darauf an zu beschreiben, nicht zu erklären oder zu analysieren. In dieser ersten Weisung, die Husserl der beginnenden Phänomenologie gab, nämlich ›beschreibende Psychologie‹ zu sein oder ›zu den Sachen selbst‹ zurückzukehren, liegt als erstes eine Nichtanerkennung der Wissenschaften. Ich bin nicht das Ergebnis oder der Kreuzungspunkt der vielfachen Kausalitäten, die meinen Körper oder mein Psychisches bestimmen, ich kann mich weder als einen Teil der Welt denken, als das einfache Objekt der Biologie, der Psychologie und der Soziologie, noch mich ganz im Universum der Wissenschaften erschöpfen. Alles, was ich von der Welt weiß, selbst durch die Wissenschaft, weiß ich von meiner

Sicht oder Erfahrung der Welt aus, ohne welche die Symbole der Wissenschaften keinen Sinn besäßen. Das gesamte Universum der Wissenschaften ist auf der erlebten Welt errichtet [...] Zu den Sachen selbst zurückzukehren, heißt zu dieser Welt vor aller Erkenntnis zurückkehren, von der die Erkenntnis immer spricht und im Verhältnis zu der jede wissenschaftliche Bestimmung abstrakt, zeichenhaft und abhängig ist [...] Die Welt ist kein Objekt, deren Konstitutionsgesetz ich besitze, sie ist das natürliche Milieu und das Feld all meiner Gedanken und all meiner ausdrücklichen Wahrnehmungen. Die Wahrheit ›wohnt‹ nicht nur im ›inneren Menschen‹ [...], oder vielmehr: es gibt keinen inneren Menschen, der Mensch ist in der Welt, er kennt sich in der Welt.« (*Phänomenologie der Wahrnehmung*, 7f.)

Aus diesen programmatischen Äußerungen wird klar: »Wahrnehmung« ist für Merleau-Ponty mehr als ein Vermögen neben Erinnerung oder Phantasie; sie steht für alle Formen von direkter Erfahrung, die damit den Status »absoluten Wissens« erhalten.

Während Sartres Theorie der Subjektivität ihren Ausgang vom Imaginären nimmt, versucht Merleau-Ponty, die Bewusstseinsphänomenologie Husserls durch den verhaltenstheoretischen Ansatz seines Frühwerks *Die Struktur des Verhaltens* (1942) mit den pragmatischen Elementen von Heideggers Daseinsanalyse zu vermitteln. Dabei orientiert er sich an den Ergebnissen der Verhaltensforschung und der Gestaltpsychologie seiner Zeit. Auf dieser Grundlage macht Merleau-Ponty die sensomotorische Leiblichkeit gegenüber dem Denken zum Ort der Bedeutungs- und Sinnbildung, setzt sich dabei aber deutlich vom amerikanischen Behaviorismus ab. Er unterscheidet zwischen dem natürlichen, d.h. biologisch beschreibbaren, und einem »kulturellen« Körper, der sozial definiert ist. Dabei bedient er sich des Strukturbegriffs, den er mit dem Gestaltbegriff in Verbindung bringt. Auf diese Weise gelingt es ihm, den Mentalismus der Bewusstseinstheorie aufzulösen und die Bedeutungsbildung externalistisch als Antwort auf biologische Gegebenheiten zu explizieren.

Fungierende Intentionalität

Eine andere Ausweitung des phänomenologischen Bewusstseinsbegriffs liegt darin, dass Merleau-Ponty die konstitutive durch eine »fungierende Intentionalität« ersetzt, die sich an den Spontaneität und Rezeptivität umfassenden Lebensvollzügen orientiert. Damit wird die sinnliche Anschauung, an die sich Husserl hält, in einen weiteren Kontext eingebettet, wobei Merleau-Ponty allerdings nicht Heideggers Paradigma des praktischen Werkzeuggebrauchs folgt. Er schreibt den Körperbewegungen eine Ausdrucksdimension zu, die dem sprachlichen Ausdruck und der Kommunikation einen Sinn verleiht, der die bewusste Intention des Sprechenden überschreitet. Der eigene Körper bildet somit das primäre Medium der Welterschließung, eine Bedeutungsinkarnation, die den Ontologen zwingt, eine dritte Seinsweise zwischen Bewusstsein und Materie anzunehmen: die Weisheit des Körpers als Milieu der philosophischen Reflexion.

Im Prozess der Konkretisierung der phänomenologischen Bewusstseinstheorie in Frankreich hat Merleau-Ponty zweifellos eine zentrale Rolle gespielt. Von ihm ist aber keine mit Sartre vergleichbare Breitenwirkung ausgegangen. Der sachliche Grund liegt wohl darin, dass Merleau-Ponty dem Strukturbegriff nicht die terminologische Prägnanz geben konnte, die er in der Sprachwissenschaft erhalten hat. So sind seine Strukturanalysen des leiblichen In-der-Welt-seins durch den Strukturalismus sowie den Neostrukturalismus in den Schatten gestellt worden. Trotzdem gehen von seinem Werk Impulse aus, die für die Weiterentwicklung der Phänomenologie fruchtbar gemacht werden können. In der modernen Philosophie des Geistes wird Merleau-Ponty heute stärker rezipiert als Sartre, der mehr existenzphilosophisch eingeordnet wird. Das liegt sicherlich an Merleau-Pontys Vermittlung von Unmittelbarkeit und Sinngebung, die sich in psychosomatische Affektprogramme übersetzen lässt, von denen die Zukunft der Theorie des Bewusstseins abhängt.

Phänomenologie aus jüdischer und protestantischer Sicht

Die Phänomenologie hat in Frankreich eine Reihe von mehr oder weniger bekannten Denkern hervorgebracht, die allesamt Husserls transzendentales Subjekt durch Heideggers ontologischen Standpunkt ersetzen. Ihr Beitrag zur Phänomenologie besteht in der Hauptsache darin, die Analysen des In-der-Weltseins mit der Psychoanalyse, dem linguistischen Strukturalismus und der Hermeneutik zu verbinden. Eine herausragende Stellung nehmen der jüdische Religionsphilosoph Emmanuel Lévinas (1905-1995) sowie der protestantische Hermeneutiker Paul Ricœur (1913-2005) ein. Lévinas, durch dessen Darstellung *Die Idee der unmittelbaren Erkenntnis in der Phänomenologie Husserls* (1933) Sartre auf Husserl aufmerksam geworden sein soll, bedient sich der phänomenologischen Methode zur Analyse der Intersubjektivität, wobei er dem Anderen den Primat vor dem Ego einräumt und daraus ethische Konsequenzen zieht. Darin geht er einen Schritt über Sartre hinaus, der sich nie zu einer selbständigen Ethik durchringen konnte. Subjektivität ist für Lévinas Passivität in der ursprünglichen Bedeutung des Wortes »erleiden« und »leiden«, womit er sich deutlich von der Egologie Husserls distanziert. Der durch keine Bewusstseinsakte aufhebbaren Passion wird der Mensch vor allem durch das Antlitz des Anderen inne, das sich durch seine radikale Andersheit den

Begriffen der Wertethik, insbesondere des Personalismus Schelers entzieht.

Die eklatante Differenz gegenüber Grundpositionen der klassischen Phänomenologen lässt die Frage aufkommen, warum Lévinas noch zu den Phänomenologen gezählt wird. Eine mögliche Antwort lautet: Weil er das Subjekt aus einer anderen religiösen Tradition beleuchtet als Husserl, der sein Denken ausdrücklich in die Tradition des griechischen Logos stellt. Für Husserl, der sich selbst trotz seiner jüdischen Abstammung ein »protestantisches Urwesen« zuschreibt, steht die Autonomie des intentionalen Bewusstseins außer Frage. Daher ist ihm alles Prophetentum fremd. Lévinas dagegen trifft sich formal mit Heideggers Fundamentalontologie in der Depotenzierung der menschlichen Freiheit, die er im »Anderen«, d.h. in Gott aufgehoben wissen will. Bei aller Verschiedenheit und Fremdheit der Kulturen, aus denen sich die Wirklichkeiten, in denen wir leben, zusammensetzen, sieht Lévinas in der Geschlechterfolge doch ein vereinigendes Band, das das Leben allen Schrecken zum Trotz lebenswert macht. Mit derartigen Äußerungen überschreitet Lévinas die Grenzen strenger Wissenschaftlichkeit, die Husserl der Phänomenologie gezogen hat. Aber er eröffnet eine interkulturelle Perspektive, die für die Entwicklung der europäischen Kultur nicht mehr wegzudenken ist. Husserl betrachtet in seinen Krisis-Abhandlungen aus den 1930er Jahren das griechisch-christliche Denken noch als Telos der Weltgeschichte. Mit diesem Eurozentrismus hat Lévinas gebrochen. In einem Essay über das Denken von Emmanuel Lévinas, *Gewalt und Metaphysik* (1964), stellt Jacques Derrida im Rahmen der phänomenologischen Dekonstruktion der abendländischen Metaphysik die Frage nach dem Verhältnis von Judentum und Hellenismus, und seine Antwort lautet: Europa muss sich zwischen beiden geistigen Räumen entwickeln.

Kulturphilosophisch anders positioniert ist das Werk von Paul Ricœur, der die Psychoanalyse Freuds zu einer Phänomenologie des Wollens und Begehrens ausbaut. Methodisch folgt er der eidetischen Deskription, kombiniert mit der theologischen Hermeneutik, die nicht auf Eindeutigkeit, sondern auf Sinnfülle ausgerichtet ist. Das Resultat ist eine »hermeneutische Phänomenologie«, die sich nicht auf einzelne Aussagen konzentriert, sondern den Horizont erschließt, in dem Aussagen ihre Referenz erhalten. Nach diesem Modell interpretiert Ricœur die zwischenmenschliche Kommunikation, in der dem Anderen der Primat zukommt. So begreift er die Sprache als »das Medium oder jenes Milieu, in dem und durch das sich das Subjekt setzt und sich die Welt zeigt« (*Hermeneutik und Strukturalismus*, 160). Damit arbeitet er stärker als Husserl den intersubjektiven Charakter der Selbstkonstitution des Subjekts heraus, was ihn schließlich zur Narrativität als Grundbegriff der menschlichen Geschichtlichkeit führt.

Von den zahlreichen Werken Ricœurs ist in Deutschland am stärksten seine Transformation der phänomenologischen Intersubjektivitätstheorie zu einer hermeneutischen Ethik in *Das Selbst als ein Anderer* (1990) rezipiert worden. Allerdings macht die Offenheit seiner Interpretationen eine klare philosophische Verortung nicht leicht. Der »Konflikt der Interpretation«, den Ricœur in der paradoxen Struktur der menschlichen Subjektivität angelegt sieht, führt ihn zu einem »post-kritischen Glauben« protestantischer Prägung. Philosophisch bleibt es sein Verdienst, die Allianz von Phänomenologie und Psychoanalyse durch einen erweiterten Begriff von Referenz vorangetrieben zu haben. In diesem Zusammenhang verdient auch der Psychoanalytiker Jacques Lacan (1901-1981) Erwähnung, der im Zuge des Neostrukturalismus das Vokabular der Psychoanalyse im Sinne einer genetischen Phänomenologie umdeutet. So gelangt er zu einem asynchronen Verständnis von Ich-Identität, das über Sartres Individualhermeneutik hinausführt und das autonome Bewusstsein an die strukturellen Bedingungen bindet, unter denen allein es Verantwortung für sich wie für andere übernehmen kann. Schließlich ist noch Michel Henry (1922-2004) zu nennen, der sich durch die spezifisch französische Mischung von Belletristik und phänomenologischer Analyse auszeichnet. In der akademischen Philosophie wird er eher als Außenseiter betrachtet, der Elemente der Leibphänomenologie und der marxistischen Gesellschaftstheorie im Begriff der »Lebendigkeit« zu einer Philosophie der Individualität verbindet.

7. Lebenswelt und Technisierung

Auf Heideggers daseinsanalytische Umbildung der transzendentalen Phänomenologie hat Husserl in den 1930er Jahren mit der Einführung eines neuen Konzepts reagiert: »Lebenswelt«. Statt im Anschluss an Descartes vom *Cogito* des isolierten Subjekts auszugehen, rekonstruiert er nun parallel zum logischen Positivismus den Aufbau der Welt von der natürlichen Erfahrung her, die immer schon intersubjektiv strukturiert ist. In der fünften der *Cartesianischen Meditationen* hat Husserl Intersubjektivität noch mit wahrnehmungstheoretischen Begriffen zu konstruieren versucht, ein Versuch, der jedoch äußerst gekünstelt wirkt und niemanden so recht überzeugt hat. Mit der Einführung des Begriffs der »Lebenswelt« verändert sich die Problemstellung. Intersubjektivität wird zur primären, begrifflich nicht hintergehbaren Erfahrung. Damit kommt Husserl Heideggers Daseinsanalysen entgegen, vermeidet zugleich aber dessen Ontologismus. Husserl geht es nicht um die Frage nach dem »Sinn von Sein«, sondern um den Sinn von Bewusstsein, speziell um die Frage, ob und unter welchen Bedingungen der Mensch in der von ihm selbst geschaffenen Welt der Wissenschaften und der Technik leben kann.

Die philosophische Bedeutsamkeit des husserlschen Begriffs liegt darin, dass unter »Lebenswelt« nicht nur die gesellschaftliche Welt, die Welt des sozialen Lebens beschrieben wird, wie es Soziologen wie Emile Durkheim, Max Weber oder Georg Simmel vor Husserl getan haben, sondern dass der Begriff im Rahmen des phänomenologischen Begründungsdiskurses einen rechtfertigenden Status erhält. Die rechtfertigende Funktion der Lebenswelt als »universaler letztfungierender Subjektivität« sieht Husserl nun nicht mehr wie die Neukantianer in der »Ursprungseinheit« des transzendentalen Subjekts, durch das alles Gegebene in »synthetische Akte« aufgelöst wird. Die Rechtfertigung liegt vielmehr in der Prozesshaftigkeit der Erfahrung, die im Weitergehen des Lebens ihr Korrelat besitzt. In Anlehnung an die Lebensphilosophie geht es um nichts Geringeres als um eine Rechtfertigung der vorwissenschaftlichen Erfahrung, welche die Welt, in der die Menschen leben, als sich selbst erzeugende Realität betrachtet.

Mit dem Rückgang auf die lebensweltliche Erfahrung hat Husserl einen neuen logischen Raum erschlossen, der nicht nur die Lesbarkeit, sondern auch die Lebbarkeit der Welt garantiert. »Lebenswelt« wird so zum Symbol eines gleichsam paradiesischen Weltverhältnisses, in dem Theorie und Praxis eine ungebrochene Einheit bilden. Jedenfalls besitzt Husserls Lebensweltbegriff ebenso wie sein Konzept des intentionalen Bewusstseins eine implizite Teleologie, eine innere Zweckmäßigkeit, der gegenüber alles Systemische als notwendiges Übel angesehen wird. Lebenswelt ist insofern kein rein deskriptiver, sondern ein normativer Begriff. Durch die teleologische Struktur hat der Begriff eine philosophische Aufwertung erfahren, die ihm in der zweiten Hälfte des 20. Jahrhunderts zu einer weit über die akademische Phänomenologie hinausreichenden Karriere verholfen hat.

Herkunft des Begriffs

Entgegen einer von orthodoxen Phänomenologen hartnäckig verteidigten Legende ist das Wort weder von Husserl geprägt worden, noch hat er es als erster terminologisch verwendet. Der Begriff ist vom im 19. Jahrhundert gängigen biologischen Begriff »Lebewelt« (»organische Welt«) zu unterscheiden, behält aber eine gewisse biologische Konnotation. Leben umfasst das organische Leben, das subjektive Erlebnis sowie den objektiven Geist. Das Bedeutungsspektrum reicht demnach vom biologischen Begriff der Umwelt über den hermeneutischen Begriff der geistigen Welt bis zum idealistischen Begriff des Reichs der Zwecke.

Im Zusammenhang mit dem Problem der Erfahrung von Aktivität (*The Experience of Activity*, 1904) taucht der Begriff »world of life« bei William James auf (in: *Essays in Radical Empiricism*, 187). Eine wichtige Rolle spielt er im so genannten »Kulturprotestantismus« um 1900, der sich zum Ziel gesetzt hat, Christ und Welt zu versöhnen. Im Historismus von Ernst Troeltsch bezeichnet er die gewachsenen Welten des religiösen Glaubens, denen gegenüber das Christentum seine »Höchstgeltung« zu verteidigen hat, ohne die naturwüchsigen Kulturen zu zerstören. Es geht also um das Relativismusproblem, um die Frage der Einheit und Mannigfaltigkeit der Kulturen. Diese Problemstellung ist es, für deren Lösung auch Husserl den Begriff einsetzt: Wie kann lebensweltliche Erfahrung in ihrer Subjektivität und Relativität das Fundament für die objektiven Wissenschaften abgeben?

Husserl nennt die Lebenswelt »ein Reich des Subjektiven«, nur handelt es sich nicht mehr um die Subjektivität des individuellen *Cogito*, sondern um »anonyme Subjektivität« (Hua VI, 114 f.). Damit findet die Seite des Bewusstseins Beachtung, die noch nicht gegenständlich ist, sondern noch vor der Intentionalität und damit gleichsam zwischen Subjekt und Objekt liegt. Damit nähert sich Husserl der behavioristischen Betrachtungsweise an, wie sie Gilbert Ryle in *Der Begriff des Geistes* entwickelt hat: In der Innenwelt läuft kein paralleles Theater ab, sondern die Erfahrung bildet eine Einheit von Innen und Außen, die sich formalpragmatisch beschreiben lässt.

Als Feld der natürlichen, alltäglichen Erfahrung ist in der Lebenswelt zwar alles in Bewegung, aber sie stellt keineswegs ein Chaos von unübersehbaren Eindrücken dar. In ihr herrscht vielmehr eine gestalthafte Ordnung, die sich mit Strukturbegriffen beschreiben lässt: »Diese allgemeine Struktur, an die alles relativ Seiende gebunden ist, ist nicht selbst relativ.« (Hua VI, 142) Bei den Strukturen, denen Husserl den Status eines »lebensweltlichen Apriori« zuweist, handelt es sich um vortheoretische Wissensformen, um orientierungspraktisches Kennen (»knowing how«) im Unterschied zu begründeter Erkenntnis. Damit wird auch die Opposition von Theorie und Praxis aufgehoben, da lebensweltliche Überzeugungen immer mit Handlungsbereitschaft verbunden sind. Husserl spricht von der »traditionell so verächtlich behandelten *doxa*« (Hua VI, 465), die gegenüber der *episteme* nun eine überraschende Aufwertung erfährt. Die Frage ist nur, wie die *doxa* vor dem Wahrheitsanspruch begründeten Wissens bestehen kann.

Umwelt als Reich des Selbstverständlichen

Alle Momente der Lebenswelt fasst Husserl im Begriff des Selbstverständlichen zusammen. Das klingt harmlos, da es sich nicht um einen eingeführten philosophischen Terminus handelt. Bei genauerem Hinsehen aber zeigt sich, dass hier eine neue Dimension für die erkenntnis- und begründungstheoretische Analyse liegt. Das Selbstverständliche, also der vorwissenschaftliche Weltbegriff mit seinem naiven Realismus, soll nun anstelle des cartesischen *Cogito* den »Boden« für den objektiven Weltbegriff der mathematischen Naturwissenschaften abgeben. Hier liegt freilich ein Problem: Das Selbstverständliche bietet nur so lange Halt, wie es unreflektiert bleibt und als unthematischer Hintergrund fungiert. Wenn man das Selbstverständliche verständlich machen will, steht man vor einer paradoxen Aufgabe, die Husserl in den Satz von der »Paradoxie der menschlichen Subjektivität« gefasst hat, Teil der Welt zu sein (»Objektsein«) und zugleich über der Welt zu stehen (»Subjektsein«) (Hua VI, 182).

Das Selbstverständliche gleicht darin dem empiristischen *belief*, den Meinungen und Überzeugungen, aus denen Menschen handeln. Husserls Gebrauch des Lebensweltbegriffs erinnert allerdings weniger an die empiristisch-pragmatische Tradition. Stärker sind Anklänge an die biologische Umweltlehre Jakob von Uexkülls. Entsprechend findet sich bei Husserl auch die Formulierung »Lebensumwelt« (Hua VI, 105). Nach von Uexkülls Meinung leben Tiere nicht in einer allen Arten gemeinsamen Welt, sondern jede Tierart trägt ihre Umwelt wie ein Hülle mit sich. Zwar sind alle Umwelten der Tiere formal nach den gleichen Grundsätzen gebaut: Koppelung von »Merkwelt« und »Wirkwelt«, aber inhaltlich sind die Umwelten der Tiere nicht vergleichbar.

Von Uexküll hat seine Umweltlehre auf die Menschen übertragen, deren Umwelten sich durch kulturelle Eigenarten unterscheiden. Das kulturelle Definiens der Umwelt ist ihre Selbstverständlichkeit, von der von Uexküll später gesagt hat, sie sei das »dunkelste Forschungsgebiet« (*Niegeschaute Welten*, 96). Aus der Perspektive des außenstehenden Betrachters gibt es Umwelten im Plural, für die Beteiligten selbst aber nur im Singular. Die

Menschen erleben ihre Kultur als *singulare tantum*, aber im Unterschied zu den Tieren sind sie prinzipiell in der Lage, ihre Umwelten durch die wissenschaftliche Konstruktion zu einer allumfassenden objektiven Welt zu erweitern. Das ist sicherlich ein Fortschritt, durch den sich der Mensch als Vernunftwesen vor dem Tier als instinktgeleitetes Wesen auszeichnet.

Bedenklich wird der Fortschritt jedoch dadurch, dass die Wissenschaftler dazu neigen, die von ihnen konstruierte objektive Welt für die eigentliche Wirklichkeit zu halten. Mit dieser positivistischen Einstellung macht man, wie von Uexküll sich ausdrückt, »den Schatten zum Herrn der Wirklichkeit«. Das aber führe zur Entfremdung der menschlichen Vernunft, sie verliert den Anschluss an die gelebte Wirklichkeit. Diesem Objektivismus gegenüber komme es darauf an, die Subjektivität der menschlichen Erfahrung wieder in ihre Rechte einzusetzen. Nur so könne der Reichtum der Kulturen gerettet werden. Erst wenn man die Besonderheit der kulturellen Umwelt berücksichtige, wenn man in Rechnung stelle, was in fremden Kulturen für selbstverständlich gehalten wird, sei es möglich, sich mit anderen Menschen zu verständigen.

Das ist sicherlich eine richtige phänomenologische Einsicht. Die Frage ist allerdings, ob man den kulturellen Pluralismus und Perspektivismus so weit treiben darf, dass man dem wissenschaftlichen Konstrukt einer einzigen objektiven Welt tatsächlich jede Realität absprechen muss, wie von Uexküll das tut (*Niegeschaute Welten*, 18). Denn immerhin bewährt sich die gedankliche Konstruktion in Form der Technik, deren Vorteile auch für die Kommunikation zwischen den Kulturen unübersehbar sind. Genau hier liegt die Problematik, die Husserl mit seinem Rückgang auf die Lebenswelt lösen will.

Illegitimität der Neuzeit

In seinen Krisis-Abhandlungen der 1930er Jahre übt Husserl Kritik am neuzeitlichen Methodenideal der mathematischen Naturwissenschaften. »In einer Welt der Mathematik könnte ich nicht leben«, hat er einmal gesagt. Denn Symbolisierungen bieten nicht die Sicherheit, die der Mensch braucht, um sich im Denken und Tun zu orientieren: »Alles Leben ist Stellungnehmen, alles Stellungnehmen steht unter einem Sollen, einer Rechtsprechung über Gültigkeit oder Ungültigkeit, nach prätendierten Normen von absoluter Geltung. Solange diese Normen unangefochten, durch keine Skepsis bedroht und verspottet waren, gab es nur Eine Lebensfrage, wie ihnen praktisch am besten zu genügen sei. Wie aber jetzt, wo alle und jede Normen bestritten oder empirisch verfälscht und ihrer idealen Geltung beraubt werden?« (Hua XXV, 65 f.) Der Bedrohung durch Naturalismus und Relativismus versucht Husserl dadurch zu entkommen, dass er in der lebensweltlichen Erfahrung ein vortheoretisches Apriori entdeckt, auf das sich der Mensch verlassen kann.

In der Theorie versichert sich der Mensch der Wahrheit seines Weltverhältnisses durch Begründungen. Das aber erfordert Distanz zum Gegebenen, womit die Bezugnahme auf die lebensweltliche Erfahrung verloren geht. Das ist nach Husserl in den mathematischen Naturwissenschaften der Fall, welche die Selbstverständlichkeit der Lebenswelt »benützen«, sie aber nicht in ihren Begründungen berücksichtigen (Hua VI, 128). Die Tatsache, dass die Wissenschaften die Subjektivität der lebensweltlichen Erfahrung »vergessen« haben (Heideggers »Seinsvergessenheit«), habe zwar zu brauchbaren Ergebnissen geführt, diese aber seien für den erkennenden Geist nicht mehr intuitiv nachvollziehbar. Husserl demonstriert das an Galilei, dessen Methodenideal er als eine Art Sündenfall der neuzeitlichen Vernunft betrachtet. Denn die Absolutsetzung der mathematischen Methode habe zur Verwechslung von Methode und Sein geführt. Eine ähnliche Kritik formuliert Husserl auch an Einstein, dessen Theorie er vorwirft, das lebensweltliche Fundament ganz aus dem Blick verloren zu haben: »Einsteins Umwälzungen betreffen die Formeln, in denen die idealisierte und naiv objektivierte Physis behandelt wird. Aber wie Formeln überhaupt, wie mathematische Objektivierung überhaupt auf dem Untergrund des Lebens und der anschaulichen Umwelt Sinn bekommt, davon erfahren wir nichts, und so reformiert Einstein nicht den Raum und die Zeit, in der sich unser lebendiges Leben abspielt.« (Hua VI, 343) Die Folge sei ein »Objektivismus« oder Positivismus, den Husserl als späte Verfallsform der griechischen Idee von Wissenschaft als begründetem Wissen ansieht.

Husserls Objektivismuskritik ist insbesondere in den Geisteswissenschaften auf fruchtbaren Boden gefallen, hat aber auch dazu geführt, dass die methodische Rationalität als »instrumentelle Vernunft« verkannt und ideologisch geächtet wurde. Die unbestreitbare Leistungsfähigkeit der neuzeitlichen Wissenschaft und Technik beruht gerade darauf, dass sie durch die mathematische Methodisierung auf anschauliche Evidenz verzichten und sich allein an den Folgen orientieren. Der von der Lebensweltphänomenologie erhobene Anspruch auf Erschließung ursprünglicher Evidenzen dagegen läuft Gefahr, in transzendentalen Antimodernismus umzuschlagen. Heideggers existenzialer Begriff von Wissenschaft sowie seine Technikkritik legen davon ein beredtes Zeugnis ab.

»Wissenschaft von der Lebenswelt«

Husserl hat seinen Rückgang auf die Lebenswelt als Begründung eines neuen Wissenschaftstypus aufgefasst, als »Wissenschaft von der Lebenswelt« (Hua VI, 126). Darin sieht er einen Weg, die Defizite der Methodisierung auszugleichen und zu »wirklicher Rationalität« sowie zu »wirklicher Einsicht« in die »Geltungsfundierung« der objektiven Wissenschaften zu gelangen. Vorbild für die neue Wissenschaft ist der mathematische Intuitionismus L.E.J. Brouwers, der in der Konstruktion idealer Gegenstände immer von der unmittelbaren Anschauung ausgeht. Auf dieser Grundlage hat der Husserl-Schüler Oskar Becker die Vorstellung eines Aktual-Unendlichen zurückgewiesen, da es einen Abschluss vorwegnimmt, der im Vollzug des Denkens nie erreicht werden kann. Damit verliert auch der Satz vom ausgeschlossenen Dritten seine Gültigkeit. Das kommt einer Verflüssigung der formalen Logik gleich. Husserl lebt in der Überzeugung, dass seine »genetische Phänomenologie« diesem Rationalitätstyp entspricht. Er wendet sich gegen den logischen Evidenzbegriff, dem er bezeichnenderweise »götzenhafte« Starrheit vorwirft, und plädiert für eine Logik, die sich an die lebensweltliche Erfahrung anpasst: »An die vor der Wissenschaft liegenden Prädikationen und Wahrheiten und an die innerhalb dieser Sphäre der Relativitäten normierende ›Logik‹, an die Möglichkeit, auch für dieses der Lebenswelt rein deskriptiv sich anpassende Logische nach dem System der es a priori normierenden Prinzipien zu fragen, wird nie gedacht. Ohne weiteres wird die traditionelle objektive Logik als apriorische Norm auch für diese subjektiv-relative Wahrheitssphäre unterschoben.« (Hua VI, 138) In diesem Punkt ist Husserl ganz nah bei der »Prälogizität« des französischen Ethnologen Lucien Lévy-Bruhl, in dessen Werk *Die primitive Mentalität* (1922) er eine Bestätigung seines Lebenswelt-Konzepts gesehen hat. Auch zur Alltagssoziologie lassen sich Verbindungen herstellen, zumal Husserl selbst von »alltäglicher Lebenswelt« spricht (Hua VI, 49).

Freilich wollte Husserl seine »Wissenschaft von der Lebenswelt« weder als Ethnologie noch als Alltagssoziologie verstanden wissen, sondern sie sollte eine den empirischen Wissenschaften zugrunde liegende apriorische Strukturwissenschaft sein. Sie lässt sich demnach am ehesten als konstruktive Wissenschaftstheorie auffassen, die wissenschaftliche Gesetze auf Typisierungsprozesse der anschaulichen Erfahrung zurückführt. Hier liegt für Husserl das Feld der »›unmodalisierten‹ Urform der Glaubensweise«, des »Urglaubens« oder der »Urdoxa«, von dem sich alle propositionalen Einstellungen ableiten (Hua III/1, 241 f.). Nur in dieser Form könne die Philosophie den antiken »Urstiftungssinn« der Theorie gegenüber dem Methodendenken der Neuzeit wieder zur Geltung bringen und die Wissenschaften sowie die gesamte Kultur aus der Krise herausführen. Die Frage ist natürlich, ob Husserl damit nicht Opfer einer intuitionistischen Illusion wird. Denn intentionales Bewusstsein ist propositional, erkannte Wirklichkeit ist immer Mittelbarkeit. Die von Husserl anvisierte »Wissenschaft von der Lebenswelt« konnte deshalb nicht zur Ausarbeitung kommen. Allenfalls das von Ludwig Landgrebe redigierte und postum erschienene Werk *Erfahrung und Urteil* (1939) kommt diesem Projekt einigermaßen nahe.

Husserls unvollendetes Projekt einer Wissenschaft von der Lebenswelt hat dazu beigetragen, die Wissenschaftstheorie für den Standpunkt des Subjekts zu sensibilisieren. Damit ist das Begründungsproblem gestellt, aber noch nicht gelöst. Husserls Vorwurf an die modernen Wissenschaften, sie verwechselten Methode mit Sein, fällt mit umgekehrtem Vorzeichen auf ihn selbst zurück. Vielleicht hat er das selbst geahnt, als er im Sommer 1935 den Satz niederschrieb: »Philosophie als Wissenschaft – als ernstliche, strenge, ja apodiktisch strenge Wissenschaft – der Traum ist ausgeträumt.« (Hua VI, 508) Immerhin hat die Phänomenologie deutlich gemacht, dass Lebenswelt als Welt fragloser Evidenzen ein unvermeidbarer Traum der nach absoluter Wahrheit strebenden Vernunft ist. »Lebenswelt« wird als Welt ohne Paradoxien konzipiert, als Welt ohne ontologische Differenz, in der es folglich auch keine »doxischen Modalitäten« als Modifikationen der Selbstverständlichkeit des Seins geben könne. Aber eine so beschaffene Welt kann nur ein heuristischer Grenzbegriff sein, vielleicht sogar eine Utopie, die nur um den Preis Wirklichkeit werden könnte, den auch Husserl sicherlich nicht hätte entrichten wollen: Verzicht auf die »Paradoxie der Subjektivität«, die das menschliche In-der-Welt-sein von der Umweltbindung der Tiere unterscheidet.

Karrieren des Begriffs

Eine breite Rezeption der Lebenswelt-Thematik hat erst in den 1950er Jahren eingesetzt, als die verstreuten Spätschriften Husserls zu diesem Thema in Buchform unter dem Titel *Die Krisis der europäischen Wissenschaften und die transzendentale Phänomenologie* als Band VI der Husserliana erschienen. Zunächst ist unter dem Begriff »Lebenswelt« die Verbindung von Phänomenologie und Geschichte thematisiert worden. Allmählich erweiterte sich der Kreis der Lebenswelt-Thematik, insbesondere durch Vermittlung der Schriften von Husserls Assistenten Ludwig Landgrebe und Eugen Fink – beide stark durch Heidegger beeinflusst –, auf alle Aspekte des menschlichen Weltbegriffs. Während Landgrebe Husserls subjektiven Horizont durch Einbeziehung der Leiblichkeit konkretisiert, nimmt Fink immer stärker vom transzendentalen Ansatz Abstand und interpretiert Welt ontologisch als Offenbarung des Seins. Dagegen haben angrenzende Wissenschaften wie Soziologie, Hermeneutik und Psychoanalyse das phänomenologische Lebensweltkonzept erheblich nüchterner als Theorierahmen benutzt.

Den eigentlichen Durchbruch aber hat der Begriff in den 1980er Jahren durch Jürgen Habermas erfahren, der »Lebenswelt« im Rahmen seiner Kritik an der systemischen Soziologie als Modell eines ursprünglichen kulturellen Weltverständnisses interpretiert, das allen kontraktualistischen Formen der Vergesellschaftung zugrunde liegt. Wie vor ihm konservative Kulturkritiker stellt auch Habermas der Lebenswelt die Systemwelten gegenüber, die als sekundäre Systeme der Rationalisierung zu einer »Kolonialisierung der Lebenswelt« führen, wie Habermas das in seiner *Theorie des kommunikativen Handelns* (1981) genannt hat. Mit diesem eingängigen Schlagwort bekommt der Begriff einen geradezu messianischen Klang, der ihm Eingang in das Denken weiter Kreise der sich als progressiv verstehenden system- und technikkritischen Intellektuellen der linken Szene verschafft hat.

Der Dualismus des habermasschen Lebensweltkonzepts schließt an die ursprüngliche Intention an, die ihm Husserl im Zuge der Weiterentwicklung der transzendentalen zu einer »genetischen Phänomenologie« zugedacht hatte. Die genetische Phänomenologie wird nicht empirisch im Sinne der Ethnologie, der Alltagssoziologie oder Alltagspsychologie aufgefasst, sondern es geht um die Begründung des Wissens (*episteme*) durch Rekonstruktion der Entstehung von Theorie aus lebenspraktischen Vollzügen. Eine erste Konkretisierung hat dieses Projekt parallel zur Phänomenologie oder in Anlehnung an sie seit den 1930er Jahren in der sich etablierenden Wissenschaftstheorie angenommen. Hier sei nur Hugo Dingler (1881-1954) genannt, an den später die konstruktive Wissenschaftstheorie der »Erlanger Schule« anknüpft. Auch Habermas ist zunächst durch Vermittlung seines Lehrers Erich Rothacker (1888-1965) der Fundierung der Erkenntnis in Interesse nachgegangen und folgt damit dem theoretischen Lebenswelt-Konzept. Erst später hat er diesen Weg verlassen und sich der Konstitution der sozialen Welt in normativ-ethischer Absicht zugewandt.

Phänomenologische Technikkritik

Während Habermas noch mit dem Titel *Technik und Wissenschaft als »Ideologie«* (1969) den Zeitgeist bedient, hat Hans Blumenberg in einem kaum beachteten Aufsatz *Lebenswelt und Technisierung unter Aspekten der Phänomenologie* (1963) die von Husserl erschlossene Problematik erkannt, die noch heute bzw. heute wieder in den Diskussionen um die Gentechnik die Gemüter erregt. »Technisierung« ist noch nicht Technik im materialen Sinne, sondern bezeichnet die Tendenz des menschlichen Geistes, sich durch Verfahren der Automatisierung vom Druck punktueller Evidenzbeschaffung zu befreien. Auch Heideggers einflussreiche Technikkritik hat hier ihren Ursprung. Die Daseinsanalytik in *Sein und Zeit* ist im Kern Rationalisierungskritik und damit Kritik der technischen Zivilisation. Daher ist es kein Zufall, dass Heideggers »Denken« sich aus der modernen Welt der Bürokratie, der Wirtschaft, Wissenschaft und Technik verabschiedet und auf die von Hölderlin verkündete Wiederkehr der Götter hofft, die freilich bis heute auf sich warten lässt.

Daran schließt sich dann bruchlos die Technik- und Medienkritik von Günther Anders (1902-1992) an, der 1923 bei Husserl in Freiburg promoviert hat. Unter dem Eindruck der atomaren Bedrohung beurteilt Anders die 1950er Jahre als apokalyptische Situation, in der die Selbstliquidierung der gesamten Menschheit drohe. Gegenüber Heideggers »Sein-zum-Tode«, das den letzten Versuch darstelle, die absolute Faktizität des Sterbens in das Leben hineinzunehmen und darin die Chance eines Eigentlich-Werdens zu sehen, ist nach Anders die Seinsvergessenheit unumkehrbar und »Apokalypse now« unvermeidbar geworden.

Lebenswelt im Singular oder Plural?

Die Begründungsproblematik hat Husserl die »paradoxen Aufeinanderbezogenheiten von ›objektiv wahrer‹ Welt und ›Lebenswelt‹« vor Augen geführt. Diese Einsicht macht die Seinsweise beider »rätselhaft«. Den Status der menschlichen Welt beschreibt er mit der Horizontmetapher, die dem Weltbewusstsein im Unterschied zum Objektbewusstsein eine »Einzigkeit« verleiht, »für die der Plural sinnlos ist« (Hua VI, 146). Dem steht die Verschiedenheit der Kulturen gegenüber, so dass sich die Thematisierung der Lebenswelt auf die Frage zugespitzt hat, ob »Lebenswelt« im Singular oder im Plural zu verwenden sei. Husserl macht klar, dass es Lebenswelt für die Beteiligten nur im Singular geben kann. Das ergibt sich aus der allgemeinen Struktur der alltäglichen Erfahrung, deren naiver Realismus als selbstverständlich angesehen wird. Wie der amerikanische Philosoph Thomas Nagel in seinem populären *Der Blick von Nirgendwo* (dt. 1992) gezeigt hat, stehen der objektive und der Standpunkt immer in einem Spannungsverhältnis, das dem menschlichen Bewusstsein seine Kreativität verleiht.

Husserls lebensweltliches Apriori ist insbesondere von Alfred Schütz (1899-1959) differenziert worden, der im Anschluss an die Sozialpsychologie des Amerikaners George Herbert Mead (1863-1931) die Wissensformen genetisch wie strukturell interpretiert. Auf dieser Linie bewegt sich auch der postmoderne Konstruktivismus, der die Pluralität der Welten als kulturabhängige Symbolsysteme beschreibt. Welt ist demnach immer schon repräsentationsabhängig, und daher gibt es so viele Welten wie Kulturen. Der Hauptvertreter dieses interpretationistischen Weltbegriffs ist der amerikanische Sprachanalytiker Nelson Goodman. Er geht zwar von Rudolf Carnaps logischem Positivismus aus, aber seine nominalistische Behandlung des Induktionsproblems sowie seine »Theorie der Fortsetzung« sind ohne den phänomenologischen Hintergrund nicht verständlich. Hier ist auch Niklas Luhmann zu erwähnen, der die Verbindung von Lebenswelt und Systemtheorie als Alternative zum radikalen Konstruktivismus versteht.

Der Streit um Lebenswelt im Singular oder im Plural bleibt freilich unfruchtbar, solange man sich nicht Klarheit darüber verschafft, auf welcher Ebene sich die Diskussion bewegt. Als empirischen Begriff gibt es »Lebenswelten« nur im Plural, wofür die Ethnologie und die Kulturanthropologie überwältigende Belege geliefert haben. In der Phänomenologie aber geht es nicht um empirische Beschreibung von Kulturen, sondern »Lebenswelt« fungiert im erkenntnis- bzw. wissenschaftstheoretischen Rahmen als heuristischer Grenzbegriff einer Erfahrungsmodalität, die sich prinzipiell der Pluralisierung entzieht. Es gibt also eine Dialektik von Einheit und Mannigfaltigkeit der Lebenswelten, die Husserl mit seinem intuitionistischen Ansatz vergeblich bzw. nur in Ansätzen aufzuheben versucht hat. Die von ihm angestrebte »Wissenschaft von dem universalen Wie der Vorgegebenheit der Welt« soll eine »Wissenschaft von den letzten Gründen« sein, »aus denen alle objektive Begründung ihre wahre Kraft, die aus ihrer letzten Sinngebung, schöpft« (Hua VI, 149).

An diesem Punkt ist der Pragmatismus mit seinem pluralistischen Universum über den phänomenologischen Standpunkt hinausgegangen. Die Vielheit der Welten ist bei William James nicht ontologisch gemeint, sondern es handelt sich um die verschiedenen Erfahrungshorizonte, um die Umwelten, die in ihrer Selbstverständlichkeit aus der Innenperspektive als »die ganze Welt« erfahren werden. Eine mögliche Einheit dieser verschiedenen Welten sucht der Pragmatismus nicht wie Husserl in einem absoluten »Ursprungssinn«, sondern in den Übergängen von Bewusstseinszuständen. Sprachlich steht dafür das Wort »und«, von dem es bei James heißt: »Das Wort ›und‹ schleppt hinter jedem Satz her. Etwas bleibt immer draußen.« (*Das pluralistische Universum*, 208) Zur Veranschaulichung der pragmatischen Dimension des Pluralismus der Übergänge gebraucht James das Bild eines Balkens, der von wechselnden Trägern bewegt wird. James bezieht sich dabei nicht auf Husserl, sondern auf Bergson, was ihn davor bewahrt hat, vergeblich nach einem transzendentalen Ich zu suchen.

Wenn auch Husserls späte Wende zur Lebenswelt nicht zu der intuitionistisch letztbegründenden Wissenschaftstheorie geführt hat, so ist sie doch nicht folgenlos geblieben. Zwar sind Husserls Texte zur »Krisis« in den 1930er Jahren nur noch einem kleinen Kreis von Eingeweihten zugänglich geworden, aber sie haben in der Zeit der Unterdrückung politisch umso nachhaltiger gewirkt. Hier sei nur der Tscheche Jan Patocka genannt, der 1933 in Freiburg mit seinem Landsmann Husserl zusammentraf und seitdem seine Interpretation der Welt an der phänomenologischen Konstitutionslehre ausrichtete. Zusammen mit Husserls letztem Assistenten Ludwig Landgrebe war er in den folgenden Jahren in Prag an der Gründung des Cercle philosophique de Prague beteiligt, der vielen vor den Nazis geflohenen Intellektuellen als geistiger Zufluchtsort diente. Für die Phänomenologie am bedeutsamsten war die Einladung an Husserl, die es dem in Freiburg geächteten Philosophen ermöglichte, im November 1935 eine Reihe von Vorträgen zur Krisis-Thematik zu halten. Für den 1977 verstorbenen Patocka selbst war die Phänomenologie das einzige Mittel zur geistigen Selbsterhaltung unter zwei diktatorischen Regimen. Sie bot keine Anleitung zum aktiven Widerstand, aber sie setzte den Menschen angesichts einer tagtäglich bedrohten Existenz in die Lage, die Strukturen freizulegen, die aus der Lebenswelt eine Todeswelt machen. Das war für die seinerzeit physisch Unterdrückten und geistig Eingeschüchterten keineswegs eine leichte Aufgabe. Dieser Aspekt erklärt das heute ziemlich hohl klingende Pathos der husserlschen Kulturkritik und muss bei der historischen Einschätzung der Phänomenologie berücksichtigt werden.

Neben Prag seien auch noch die Impulse genannt, die von der Weiterentwicklung der Phänomenologie in Polen durch Roman Ingarden (1893-1970) ausgegangen sind. Ingarden hat 1918 in Freiburg bei Husserl promoviert. In Abweichung von dessen transzendentalem Idealismus gilt sein Interesse einer realistischen Ontologie. Auf dieser Linie liegt sein in Deutschland von der Germanistik am stärksten rezipiertes Werk: *Das literarische Kunstwerk* (1931). Am Kunstwerk als intentionalem Gegenstand unterscheidet er mehrere Schichten, eine Unterscheidung, an der sich die Differenzierung der Ästhetik in Produktions-, Rezeptions- und Werk- oder Gattungsästhetik orientiert hat. Den Status der literarischen Fiktion versucht Ingarden auf der Basis der husserlschen Urteilslehre als »Quasi-Urteile« zu bestimmen. Dieser Versuch ist von der Germanistin Käte Hamburger in *Die Logik der Dichtung* (1957) als unzureichend zurückgewiesen worden, da die Als-Struktur der literarischen Aussage mit dem Als-ob des Fiktionalismus, wie er von Hans Vaihinger vertreten wurde, nicht identisch sei.

Wissenschaft von der Lebenswelt als Kulturphilosophie

Auch in Westdeutschland hat die Lebensweltphänomenologie nach dem Zweiten Weltkrieg einen neuen Typus von Kulturphilosophie erzeugt. Ihr Ziel ist nicht mehr die Grundlegung der Naturwissenschaften, sondern die Interpretation des Verhältnisses von Naturwissenschaften und Geisteswissenschaften mit Bezug auf das Selbstverständnis des modernen Menschen. Husserl will die Geisteswissenschaften aus dem Schlepptau der Naturwissenschaften befreien, sie sollen mehr als eine kompensatorische Funktion annehmen: »Der Geist ist wesensmäßig dazu befähigt, Selbsterkenntnis zu üben, und als wissenschaftlicher Geist wissenschaftliche Selbsterkenntnis, und das iterativ. Nur in der reinen geisteswissenschaftlichen Erkenntnis wird der Wissenschaftler von dem Einwand der Selbstverhülltheit seines Leistens nicht betroffen. Demnach ist es verkehrt von den Geisteswissenschaften, mit den Naturwissenschaften um Gleichberechtigung zu ringen.« (Hua VI, 345) Statt also um eine fragwürdige Gleichberechtigung zu ringen, die im Objektivismus endet, soll sich der Geist auf sich selbst besinnen. So versteht auch Heidegger die »Hermeneutik der Faktizität« als Auslegung des »je eigenen Daseins«, sprachanalytisch ausgedrückt: des Standpunkts der Ersten Person. Was Husserl »Geltungsfundierung« im Sinne von Rückbezogenheit auf die Lebenswelt nennt, öffnet den wissenschaftstheoretischen Horizont in Richtung auf eine kulturphilosophische Perspektive, die Kultur als Selbstverständnis der Menschheit bewusstseinsgeschichtlich analysiert. Hans-Georg Gadamer hat im Jahre 1993 diese Perspektive so formuliert: »Wir haben eine dreihundertjährige Schuld zu begleichen. Seit drei Jahrhunderten haben wir eine phantastische Entwicklung unseres Wissens und Herrschenkönnens über die Naturkräfte erlangt. Wir haben nichts auch nur entfernt Vergleichbares in der Bildung des Menschen für die richtige Anwendung dieser neuen Macht. Deswegen erleben wir heute, daß wir in einer Welt leben, in der unendlich zerstörerische Machtmittel in die Hand des Menschen gekommen sind.« (zit. nach Volker Steenblock, *Theorie der kulturellen Bildung*, 307)

In diesem Sinne leitet Phänomenologie in die gegenwärtige Form der Kulturphilosophie über, welche die traditionellen Gebiete der akademischen Philosophie allmählich ersetzt. Betrachtet man die bedeutenden philosophischen Werke der letzten Jahrzehnte: Gadamers *Wahrheit und Methode* (1960), Foucaults *Die Ordnung der Dinge* (1974), Blumenbergs *Die Legitimität der Neuzeit* (1966), Habermas' *Theorie des kommunikativen Handelns* (1981), Rortys *Der Spiegel der Natur* (1979), um nur einige zu nennen, so ist offenkundig, dass sie gemessen an Kant oder Hegel einen neuen Typus der philosophischen Reflexion darstellen. Bei aller Verschiedenheit des Inhalts und des Stils ist ihnen doch die phänomenologische Grundhaltung gemeinsam, für die das Reich der vorstellbaren Möglichkeiten wichtiger ist als die krude Faktizität. Die für die traditionelle Metaphysik undenkbare Mischung von empirisch-historischen Darstellungen und Begriffsanalysen verleiht den Wirklichkeiten, denen sie einen immanenten Sinn abringen wollen, einen merkwürdigen Charakter von Unwirklichkeit. Durch den Verlust der Transzendenz wird die vom Menschen selbst gemachte kulturelle Welt zum Medium der Sinngebung, das Sinn erzeugt, zugleich aber auch Sinn fordert. Auf der Suche nach lebbarem Sinn können sie alle das Erbe der Phänomenologie als hermeneutische Transformation der Metaphysik nicht verleugnen. Das gilt übrigens auch für Foucault, der durch seine Dekonstruktion der klassischen *episteme* wie kein anderer Denker den kulturellen Diskurs der Postmoderne geprägt hat. Zwar steht Foucault in einer spezifisch französischen Tradition der Soziologie, aber die genetische

Lebenswelt-Phänomenologie Husserls und die Daseinsanalyse Heideggers haben Foucault nachhaltig beeinflusst und gehören für ihn zu den unverzichtbaren Voraussetzungen der Reflexion über die Stellung des Menschen in der Geschichte.

Das Aufblühen der Kulturwissenschaften, die sich derzeit als Konkurrenten der Philosophie etablieren, gehört in diesen Zusammenhang. Die moderne Kultur erfordert die Verabschiedung oder zumindest die Transformation der Grundbegriffe der Metaphysik, und genau das hat die Phänomenologie im 20. Jahrhundert nachhaltiger als die Hermeneutik und die Sprachanalyse geleistet. Die Ausweitung der Phänomenologie zu einer philosophischen Kulturtheorie geht seit den 1980er Jahren andere Wege als die ontologisch ausgerichtete Heidegger-Nachfolge. Ernst Wolfgang Orth beispielsweise verbindet Husserls Wahrnehmungstheorie mit Cassirers *Philosophie der symbolischen Formen.* Die kulturwissenschaftliche Transformation wird wahrscheinlich die zukünftige Gestalt der Phänomenologie prägen, wobei das Problem der Medialisierung der Lebenswelt in den Vordergrund rückt.

8. Die Zukunft der Phänomenologie: Eine allgemeine Theorie der Medien

Anders als Einführungen in das Werk einzelner Phänomenologen berücksichtigt die vorliegende Einführung den methodologichen Charakter der Phänomenologie insgesamt, der sich historisch auch aus Husserls Arbeitsethos ergibt: »Angleichung an den Denkstil der modernen Arbeitsgesellschaft. Keine Systeme, keine Abschlüsse mehr, sondern nur noch Untersuchungen im stetigen Zusammenhang wachsenden Fortschritts auf einem Gebiet, das seine Gehalte zwar allen Regionen der Welt verdankt, seine Begrenzung aber dem reinen, dem möglichen Bewusstsein, seinen arbeitsmäßigen Fortgang aber einer erlernbaren Methode, der sog. Reduktion.« – Diese Charakteristik aus der Feder von Helmuth Plessner aus dem Jahre 1958 (in der Einleitung zum Fischer-Lexikon *Philosophie*) ist heute so gültig wie damals. Die »erlernbare Methode« freilich, die der »sog. Reduktion«, bereitet immer noch Schwierigkeiten, zumal der intuitionistische Ansatz mit dem analytischen Methodenideal nur schwer vereinbar ist. Auch die Kennzeichnung der Idee der Phänomenologie als Strukturwissenschaft lässt Fragen offen. Denn die häufige Verwendung des Strukturbegriffs bei Husserl, aber auch bei Heidegger und anderen kontrastiert mit dem Mangel an terminologischer Fixierung. »Struktur« wird als Synonym für »Aufbau«, »gegliedertes Ganzes«, »Gestalt« gebraucht, aber ungeklärt bleibt, wie sich Struktur und Intentionalität, Funktion und Bedeutung zueinander verhalten. Die zukünftige Gestalt der Phänomenologie wird davon abhängen, ob in diesen Fragen Fortschritte erzielt werden können. Jedenfalls überschreitet die Zukunft der Phänomenologie als *work in progress* den Erfahrungshorizont ihres Begründers. Die Einführung endet daher mit einem Ausblick in ein für die klassische Phänomenologie unbekanntes Land, von dem noch nicht feststeht, ob es sich um die Wirklichkeit handelt, die Husserl sein Leben lang gesucht hat.

Über die bereits vollzogenen Erweiterungen und Umbildungen der Phänomenologie Husserls hinaus, die besonders auf die Lebensweltphänomenologie Bezug nehmen, zeichnet sich vor dem Hintergrund und in Auseinandersetzung mit der sprachanalytischen Philosophie ein neues Profil ab. Diese Entwicklung weicht freilich von der Phänomenologie als »Wissenschaft von der Lebenswelt« darin ab, dass sie sich von der Ontologie distanziert. Wenn diese Wissenschaft etwas anderes sein soll als eine verstehende Soziologie, dann kann es sich nur um eine Theorie der Erfahrung handeln. Denn »Lebenswelt« ist keine Seinsart und kein eigener Gegenstandsbereich neben oder hinter der empirischen Wirklichkeit, sondern die spezifisch menschliche Art, Wirklichkeit zu erfahren.

Das neue Profil der Phänomenologie unterscheidet sich aber nicht nur vom Lebenswelt-Ontologismus, sondern auch vom Programm der »transzendentalen Phänomenologie«, das von akademischen Phänomenologen in Deutschland immer noch favorisiert wird. Es sei denn, man weitet das Verständnis von »transzendental« so weit aus, dass strukturell-funktionale Beschreibungen geistiger Prozesse jeder Art darunter fallen. Dann allerdings könnte man auch die Phänomenologie »transzendental« nennen, man muss dabei allerdings im Auge behalten, dass damit Naturalisierungstendenzen des Geistes nicht ausgeschlossen werden und das Apriori eine Relativierung erfährt, die mit Husserls Anspruch auf Letztbegründung nicht mehr vereinbar ist.

Medium der Phänomenalität

Einen bisher wenig beachteten Hinweis darauf, in welche Richtung die Phänomenologie gehen könnte, gibt Husserl selbst. In seiner Programmschrift *Philosophie als strenge Wissenschaft* (1910/11) findet sich in einer Anmerkung die Formel vom »Medium der Phänomenalität«, die im Text ausführlich erläutert wird (Hua XXV, 28 ff.): Der Bewusstseinsstrom wird als »vage Subjektivität« erlebt. Das Erlebnis ist nicht gegenständlich, sondern nur in der Reflexion unmittelbar gegeben. Es »erscheint als selbst durch sich selbst, in einem absoluten Fluß«. Die ungegenständliche Erscheinungsweise, in der es keinen Unterschied zwischen Erscheinung und Sein gibt, hat schon Wilhelm Dilthey in seiner Psychologie als »Innewerden« beschrieben. Die Erlebnissubjektivität bildet damit den unthematischen Hintergrund, aus dem die exakten Wissenschaften ihre Theorien »herausbestimmen«, »herauskonstruieren«, wie Husserl sich ausdrückt. Damit sich im »vagen Medium« des Bewusstseinsstromes objektive Bedeutungen darstellen können, muss der »Fluß der Phänomene« immer bei sich selbst bleiben, also ein von der gegenständlichen Wirklichkeit unterschiedenes, nach beiden Seiten aber unbegrenztes Feld bilden: Im Bewusstsein »kommen wir von Phänomen zu Phänomen (jedes eine Einheit im Fluß und selbst im Fließen begriffen) und nie zu anderem als Phänomenen«. Damit gibt Husserl der Metapher vom Bewusstseinsstrom einen neuen Sinn. Während Intentionalität als Grundbegriff sich noch am Modell zielgerichteter Instrumente wie Bogen oder Fernrohr orientiert, dessen Anwendung ein handelndes Subjekt voraussetzt, fungiert der Strom oder Fluss als anonymer Prozess unabhängig von bestimmten Intentionen oder Inhalten.

Damit stellt sich die Frage, ob dieser Prozess als »mental« zu klassifizieren ist. Diese Klassifikation verweist auf das Postulat einer selbständigen Energie, die schwer zu fassen ist. Deshalb hat schon William James, neben Franz Brentano das eigentliche Vorbild der husserlschen Bewusstseinstheorie, die Existenz von Bewusstsein bestritten. Er leugnet damit natürlich nicht die Phänomenaliät, die er »reine Erfahrung« nennt und die heute »Information« heißt. Er behauptet aber, dass Bewusstsein nichts anderes sei als Funktion und Relation von Gedanken. Sie bilden für den Psychologen James den »Stoff«, aus dem die menschliche Wirklichkeit gemacht ist. Darin liegt ein Hinweis, phänomenales Bewusstsein statt als »mental« als »medial« zu qualifizieren, sofern man unter Medien Systeme der Informationsverarbeitung versteht.

Das klingt zunächst wie eine Umschreibung des »Satzes der Phänomenalität«, geht aber doch im Sinne der Medialität darüber hinaus. Dabei ist »Medium« zunächst im allgemeinen Sinne als Vermittlungsinstanz zwischen Subjekt und Objekt gemeint, womit allerdings eine Sinnverschiebung der traditionellen erkenntnistheoretischen Fragestellung verbunden ist: Die Relation zwischen Subjekt und Objekt geht als das unmittelbar Erlebbare den Relata voraus. »Damit ist der Primat der Erkenntnistheorie durchbrochen«, wie der Phänomenologe Bernhard Waldenfels zu Recht festgestellt hat (*Experimente mit der Wirklichkeit*, in: *Medien, Computer, Realität*, hg. von Sybille Krämer, S. 217). Damit aber nicht genug. Der Medienbegriff qualifiziert den Strukturbegriff, der im Sinne der Gestalttheorie rein objektivistisch verwendet wird. Zwar ist ein Medium immer strukturiert, es unterscheidet sich aber von einer bloßen Struktur darin, dass es eine Bedeutung repräsentiert und somit über sich hinausweist. Genau das aber trifft auf das intentionale Bewusstsein zu, das sich nicht direkt auf die transzendenten Gegenstände bezieht, sondern immer nur vermittelt durch den »Erkenntnissinn« (Hua II, 22).

Die Bestimmung von Bewusstsein als Medium entspricht der Dreiteilung in Erkenntniserlebnis, Erkenntnissinn und Erkenntnisobjekt, die Husserl aus der stoischen Logik übernommen hat und die den Subjekt-Objekt-Dualismus der Transzendentalphilosophie sprengt. Damit aber entfällt auch die handlungstheoretische Interpretation des transzendentalen Bewusstseins als rein aus sich selbst agierendes Subjekt. Für Husserl dagegen ist die Tätigkeit des Subjekts, die intentionale Synthesis, keine freie »Tathandlung« im Sinne Fichtes, sondern bleibt in ein System von Verweisungen eingebunden, aus dem das Ich nicht herausspringen kann. Husserl spricht von »Horizontintentionalität«. Das Herausgehen des Bewusstseins aus sich selbst ist an Strukturen gebunden, die zwar einen Spielraum lassen, die aber nicht vollständig aufhebbar sind (Hua I, 83). Eben darin liegt die mediale Funktion des phänomenalen Bewusstseins. Die Nähe zu den wahrgenommenen Gegenständen verdankt sich einer Distanz, die das Bewusstsein als in sich einstimmiger Kontext von Eindrücken schafft. Denn wo Wirklichkeit unmittelbar als Reiz erfahren wird, nämlich als Unverfügbarkeit, da entzieht sie sich der Erkenntnis.

Wenn man unter Medium allgemein einen Bedeutungsträger versteht, dessen Leistung in der Gestaltung und Gliederung von Informationen besteht, dann kann man dem Bewusstsein in der Tat medialen Status zusprechen. Dabei handelt es sich um ein natürliches und inneres Medium, das allen künstlichen und äußeren Medien vorgeordnet ist. »Natürlich« ist es insofern, als es im Unterschied beispielsweise zum künstlichen Medium Film als solches nicht in Erscheinung tritt. Deshalb darf das Medium der Phänomenalität nicht mit der antiken Bildertheorie der Wahrnehmung verwechselt werden, die Bewusstsein als Behälter oder *Camera obscura* auffasst. Die Medialität des phänomenalen Bewusstseins hält am strukturell-funktionalen Bewusstseinsbegriff fest, erweitert diesen aber durch Einbeziehung der Doppelseitigkeit der Repräsentation, so wie Husserl in *Formale und transzendentale Logik* die Zeichen- und Bedeutungstheorie aus dem platonischen Ideenhimmel auf die Erde der Erlebniswirklichkeit zurückholt. So nennt er das »Immer-wieder-können« und das »Und-so-weiter« rekursive Grundformen der Bedeutungsbildung, die eindeutig auf die für die elektronischen Medien konstitutive Form der technischen Reproduzierbarkeit verweisen.

Die mediale Auffassung der Phänomenalität löst auch das Rätsel der transzendentalen Reduktion, die über die eidetische Reduktion hinaus das intentionale Bewusstsein als »neuartige unendliche Seinssphäre« freilegen soll (Hua I, 11). In ihr werden alle empirischen Gegebenheiten einschließlich des empirischen Ich aufgelöst: »Für mich gibt es also kein Ich und keine psychischen Akte, psychischen Phänomene im Sinne der Psychologie, für mich gibt es also auch nicht mich als Menschen, nicht meine eigenen *cogitationes* als Bestandteile einer psychophysischen Welt.« (Hua I, 10) Wenn das keine Flucht aus der Wirklichkeit in das Reich der Träume sein soll, kann die Selbstauflösung der empirischen Existenz nur darin liegen, sich allen Eindrücken vorurteilslos zu öffnen und sich so zum Medium zu machen, in dem die Dinge sich so darstellen, wie sie sind. In diesem Sinne heißt »transzendental« so viel wie »medial«, und transzendentale Phänomenologie ist mediale Phänomenologie. In der Medialisierung des Bewusstseins sieht Husserl die Chance, die Zufälligkeit des Wirklichen zu überwinden: »Aber dafür habe ich mich gewonnen, und jetzt mich allein als dasjenige reine Ich mit dem reinen Leben und den reinen Vermögen, durch das für mich Sein dieser Welt und jeweiliges So-sein überhaupt Sinn und mögliche Geltung hat.« (ebd.) Die von Husserl evozierte »Reinheit« der Subjektivität ist nicht mehr menschlich, aber noch nicht göttlich, sondern in ihrer fließenden Zeitlichkeit ein Medium, »durch das« zugleich mit der Wirklichkeit Sinn und Bedeutung erscheinen.

Medium und Milieu

Da das transzendentale Bewusstsein das empirische Subjekt übersteigt, ist es nur konsequent, dass Husserl später das »Medium der Phänomenalität« auf die anonyme lebensweltliche Erfahrung ausweitet. Dabei kommt eine Bedeutung des Wortes »Medium« ins Spiel, die in modernen Medientheorien gewöhnlich kaum Berücksichtigung findet: Medium als Stoff oder Element, in dem sich Leben abspielt, als Milieu wie Wasser, Luft usw. Der Begründer der biologischen Umweltlehre, Jakob von Uexküll, beschreibt in seiner *Bedeutungslehre* (1940) die Umwelt als »in sich geschlossene Einheit, die in all ihren Teilen durch die Bedeutung für das Subjekt bestimmt wird« (109), und nennt sie die »dritte Mannigfaltigkeit« neben Raum und Zeit, in der sich Bedeutungen herauskristallisieren (158). Das Medium, aus dem eine Umwelt besteht, fungiert als »Bedeutungsträger«, und das Zusammenspiel von Organismus und Medium unterliegt festen »Bedeutungsregeln« (132). Was von Uexküll für das organische Leben beschreibt, überträgt Husserl auf das geistige Leben. Lebenswelt als »ein Reich eines ganz und gar in sich abgeschlossenen Subjektiven« (Hua VI, 114) besitzt medialen Status, da die Abgeschlossenheit des Selbstverständlichen die Voraussetzung dafür bietet, dass die Welt als Welt von Sinngestalten oder Bedeutungen erfahren wird. Als »universale letztfungierende Subjektivität« bildet lebensweltliche Erfahrung das äußere ›Letztmedium‹, vergleichbar mit Wittgensteins »Lebensformen«.

Die mediale Funktion ergibt sich aus der Selbstverständlichkeit der lebensweltlichen Erfahrung: »Diese Lebenswelt ist nichts anderes als die Welt der bloßen, traditionell so verächtlich behandelten *doxa*.« (Hua VI, 465). Als Reich der Meinungen gibt sich die Lebenswelt ihrer Form nach als Medienwelt zu erkennen. Denn die moderne Form der *doxa* sind die Medien, die Meinungen machen und das Verhalten der Menschen von den politischen Entscheidungen bis zum Lebensstil steuern. Durch ihre »selbstverständliche, bekannt-unbekannte« (Hua VI, 461) Präsenz verführen sie die Menschen, spiegeln ihnen Unmittelbarkeit vor, geben in Wahrheit aber nur Modalitäten der Vermittlung. Hier liegt die ›wirkliche‹ Wirklichkeit, die Husserl gesucht hat und die für ihn selbst noch in den Tiefen des vorreflexiven Bewusstseins verborgen lag. Ontologisch ergeben sich bisher noch nicht erforschte Parallelen zu Alfred North Whiteheads *Process and Reality* (1929), wo die Welt als strukturiertes Ganzes den Status eines Mediums erhält: »World as a Medium« (Part IV: *The Theory of Extension*).

Betrachtet man die Phänomenologie im Lichte der »Medialität«, so wird deutlich, wie sehr sie entgegen Husserls ursprünglicher Intention den Weg für eine Auflösung des Logozentrismus geebnet hat. Die transzendentalphilosophische Frage nach der Einheit des Bewusstseins, die Husserl zunächst in Anlehnung an den Neukantianismus mit der Intentionalität als Synthesis von Vorstellungen beantwortet, weicht zunehmend der Annahme einer gleitenden Intentionalität, die kein »transzendentales Ich« als identifizierbares Subjekt der Handlung voraussetzt. Übrigens hat Husserl schon früh Kritik an der kantischen Synthesislehre geübt und am Beispiel der Wahrnehmung deutlich gemacht, dass dort, wo Kant »Synthesis« annimmt, in Wirklichkeit »Analysis«, d.h. Gliederung eines gegebenen unbestimmten Gesamteindrucks vorliegt. In seinen Analysen des inneren Zeitbewusstseins entfernt sich Husserl noch weiter von der Annahme der Einheit eines handelnden Subjekts. An die Stelle der Handlung tritt die Kontinuität in der Folge der Vorstellungen. Diese Kontinuität ist aber nicht homogen, sondern es handelt sich um ein heterogenes Kontinuum, das unterschiedliche Grade der Strukturierung aufweist. Genau das aber macht Bewusstsein zum Medium, das nichts erzeugt, auch nichts »setzt«, sondern nur Unterschiede macht und dadurch die Welt erschließt.

Heterophänomenologie

Husserls Beschreibung der lebensweltlichen Erfahrung als »bloß subjektive und relative, in ihrem nie stillhaltenden Fluß der Seinsgeltungen, deren Verwandlungen und Korrekturen«, passt freilich nicht so recht zu seiner Metapher des »Bodens«, auf dem sich objektive Wissenschaft entfalten kann. Hier zeigen sich die Grenzen der Hintergrundmetapher des Cartesianismus, der Idee eines unerschütterlichen Fundaments, das selbst noch bei Wittgenstein als »Fels« auftaucht, an dem sich der Spaten der Bedeutungsbildung zurückbiegt. Dagegen lassen Husserls Beschreibungen einen heraklitischen Fluss erkennen, dessen »allgemeine Struktur« die eines Fließgleichgewichts ist, das die Rede von einem Ursprung und einem Ziel dementiert. Der Fluss der Meinungen hat keinen Anfang und kein Ende, der Mensch findet sich immer schon in ihm vor. Das macht das »strukturelle Apriori« der lebensweltlichen Erfahrung aus, das sich nicht mehr aus einem »Ich denke« deduzieren lässt.

Husserl selbst hat daraus nicht die letzten Konsequenzen gezogen. Sein Konzept der »genetischen Phänomenologie«, das auf eine geistige »Urstiftung« zurückführen soll, sowie sein »historisches Apriori«, das in der Geschichte hinter allen Kontingenzen einen »Ursprungssinn« entdecken will, lassen erkennen, dass er im Wandel der Dinge immer noch ein Ewiges sucht. Er sieht nicht oder will nicht sehen, was Foucault in seiner *Archäologie des Wissens* aufgedeckt hat: dass Kultur ein Medium des Lebenswillens und des politischen Machtwillens ist. Husserl berücksichtigt zu wenig die von der philosophischen Anthropologie herausgestellte Tatsache, dass der Mensch von Natur aus ein Kulturwesen ist und dass Kultur immer auf symbolische Formen oder Modi angewiesen ist. Daher kann die Idee einer »genetischen Phänomenologie« nur als Theorie medialer Koppelungen durchgeführt werden.

Mit der medialen Transformation von Husserls Transzendentalphilosophie ist der Anschluss an die gegenwärtige Diskussion des Bewusstseinsbegriffs gegeben, die gegenüber dem cartesischen Mentalismus methodisch den Standpunkt der Introspektion verlassen hat und inhaltlich die symbolischen Formen der Phänomenalität berücksichtigt. Empirische Psychologie, die sich dem Bewusstsein auf verschiedenen Beschreibungsebenen von außen nähert, entdeckt Isomorphien zur Struktur des Erlebens, die den Begriff des Mediums geradezu herbeirufen. Auch die kybernetischen Bewusstseinsmodelle, die zu den Computertheorien des Geistes als informationsverarbeitende Maschine geführt haben, lassen sich unter den medialen Ansatz subsumieren. Denn dieser reduziert die Phänomenalität nicht auf kausale Zusammenhänge, sondern bewegt sich auf der Software-Ebene der Programmierung, die nach Formbildungsregeln erfolgt, wie sie der Strukturalismus für die natürlichen Sprachen formuliert hat. Die Medialität bildet somit die Brücke zwischen der transzendentalen Phänomenologie Husserls und der »Heterophänomenologie«, wie sie vom Hauptexponenten der amerikanischen »Philosophy of Mind«, Daniel C. Dennett, in *Consciousness Explained* (1991; dt. *Philosophie des menschlichen Bewußtseins*, 1994) entwickelt worden ist.

»Das Medium ist die Botschaft«

Husserls Rede vom »Medium der Phänomenalität« lässt sich in eine heute allgemein anerkannte Definition von Medium übersetzen, die allen speziellen Medienbegriffen zugrunde liegt: Ein Medium ist ein in sich geschlossenes syntaktisches System, das durch seine Strukturierung etwas anderes darstellt, als es selbst ist. Nach der berühmten Formel von Marshall McLuhan (1911-1980): »The medium is the message« liegt die Bedeutung aber nicht im Inhalt, sondern in der Form oder Struktur des Mediums. Natürlich spielt die Autorintention immer eine Rolle, sie wird aber gerade bei den modernen Massenmedien durch die Faszination überdeckt, die das Medium selbst ausstrahlt. Darin liegt eine Provokation, die dann auch die intentionalistisch ausgerichteten Denker auf den Plan gerufen hat. Sie halten McLuhan die Zerstörung der Autonomie des Subjekts vor, insbesondere auch deshalb, weil er seine Theorie von der materialen Seite des Mediums aufbaut, so dass keine scharfe Grenze zwischen Medium und Instrument gezogen werden kann. Das ist aber keine Schwäche der Theorie, sondern zeigt, dass Bedeutungsbildung für den Menschen immer eine pragmatische Dimension hat. Nicht erst in der theoretischen Schau, sondern im Umgang mit Artefakten, welche wie das Fernrohr die Kapazität der Sinnesorgane erweitern, erschließt der Mensch seine Welt als Ineinander der »Merkwelt« und »Wirkwelt«.

Die durchschlagende Einsicht McLuhans besteht nun darin, dass die Medien auch und gerade in ihrer instrumentellen Form in der Regel unthematisch bleiben. Diejenigen, die sich ihrer bedienen, insbesondere die Rezipienten der elektronischen Medien, merken nicht, wie ihnen durch die Form der Medien eine Weltsicht aufgeprägt wird, die von der natürlichen Erfahrung abweicht. Das ist für McLuhan aber keine rückgängig zu machende Manipulation, sondern ergibt sich aus der Natur der Medien selbst, wie sie schon in der sinnlichen Wahrnehmung vorgeprägt ist. In diesem Sinne erläutert er seine Formel gestaltpsychologisch mit dem Verhältnis von Grund und Figur: »Das Medium ist verborgen, der Inhalt offensichtlich. Aber die eigentliche Wirkung rührt vom verborgenen Grund her, nicht von der Figur. Von einem Grund, der nie bemerkt wird.« (*I ain't got no body. Gespräch mit Louis Forsdale*, in: *Das Medium ist die Botschaft*, 9)

Was von der phänomenologischen Forschung bisher übersehen wurde: McLuhan erläutert den Sinn seiner Formel mit der Phänomenologie Husserls und Heideggers: »Alles, was sie einem zu sagen haben, ist, daß hinter jeder Situation eine andere Situation steckt, die durchschimmert. Und dieses Durchschimmern ist die Phänomenologie. Ich sage dazu einfach: ›Das Medium ist die Botschaft‹ – oder Figur und Grund. Der Grund scheint durch die Figur, oder die Figur durch den Grund. Beides kann vorkommen. Aber es ist dieser Vorgang der Lichtung, der das Phänomenologische ausmacht.« (38) McLuhan wollte sein letztes Buch, das als postumes Fragment unter dem Titel *The Laws of Media* (1988) erschienen ist, sogar *Phänomenologie der Medien* nennen. Leider ist es dazu nicht gekommen. Es gibt aber klare Belege dafür, wie eng sich McLuhans Medientheorie an Husserls »Medium der Phänomenalität« anschließt. McLuhan zitiert ausgiebig Passagen aus dem Kapitel »Die Region des reinen Bewusstseins« von *Ideen I.* Er stimmt mit der phänomenologischen Reduktion darin überein, dass Realität kein vom Bewusstsein des Menschen unabhängiges Dasein führt: »Es ist nicht in sich etwas Absolutes und bindet sich sekundär an anderes, sondern es ist in absolutem Sinne gar nichts, es hat gar kein ›absolutes Wesen‹, es hat die Wesenheit von etwas, das prinzipiell nur Intentionales, nur Bewusstes, bewusstseinsmäßig Vorstelliges, Erscheinendes ist« (Hua III/1, 94; Laws of Media, in engl. Übersetzung, p. 61).

Phantasie als Lebenselement des phänomenalen Bewusstseins

Eine weitere Bestätigung der medientheoretischen Lesart der Phänomenologie gibt Husserls Aufwertung der Phantasie als Lebenselement der Phänomenologie. Denn die Phantasie ist das Vermögen der freien Variation des Gegebenen, welche die realen Wahrnehmungsmöglichkeiten im Unterschied zu den logischen Denkmöglichkeiten ans Licht bringt. Eine indirekte Bestätigung der medialen Lesart der Phänomenologie liefert Theodor W. Adornos Vorwurf, Husserls Phänomenologie mache die »Notwendigkeit des Scheins« sichtbar (*Zur Metakritik der Erkenntnistheorie*, 193). Was bei Adorno als Vorwurf gemeint ist, erweist sich bei genauerem Hinsehen aber als Stärke. Denn die Notwendigkeit des Scheins ist nicht im Sinne von Nietzsches Fiktionalismus gemeint. Nicht das »Als-ob«, sondern das »Sehen-als« macht das Bewusstsein zum Medium, das mehr ist als ein Kontinuum von Sinnesdaten. Husserl nennt die Phänomene »geistige Verläufe, welche als solche in Wesensnotwendigkeit die Funktion üben, Sinngestalten zu konstituieren« (Hua VI, 114). Die Bedeutungsfunktion übt der Bewusstseinsstrom durch seine Strukturierung aus, die ihn von der Umgebung trennt, diese aber zugleich repräsentiert. Genau das ist die Leistung eines Mediums, dessen Gesetze sich von den Naturgesetzen durch ihren morphologischen Charakter unterscheiden. Mediengesetze sind Strukturgesetze der Repräsentation, die erläutern, wie in der Zusammenhangsform des inneren Zeitbewusstseins der Bezug auf Bedeutungen enthalten ist. In semiotischen Begriffen ausgedrückt: Bewusstsein bildet analog zur Sprache ein syntaktisches

System von Vorstellungen, in dem das Subjekt zugleich als Sender und Empfänger von Botschaften des äußeren und inneren Milieus fungiert.

Ein Beispiel für die konkrete Umsetzung der medialen Struktur des Bewusstseins liefern Husserls Analysen der Bildlichkeit. Bildbewusstsein beruht demnach nicht allein auf Wahrnehmung von Ähnlichkeit, sondern resultiert aus einem »Widerstreit« zwischen realem Bildträger (beispielsweise einer Leinwand) und abgebildetem Gegenstand (beispielsweise der Gestalt eines Elefanten). Zur Aufhebung dieses Widerstreits (Elefanten sind aus Fleisch und nicht aus Leinwand) nimmt Husserl eine dritte Ebene zwischen Wirklichkeit und Vorstellung an, die semantisch dem »Erkenntnissinn« entspricht, der im triadischen Zeichenmodell von Charles S. Peirce »Interpretant« (neben »Repräsentamen« und »Gegenstand«) heißt. Das macht ein Bild zum Darstellungsmedium, das nicht mit einer Kopie der Wirklichkeit zusammenfällt. Dagegen betrachtet die in Analogie zur allgemeinen Sprachwissenschaft sich etablierende »allgemeine Bildwissenschaft« das Bild als Kommunikationsmedium. Das entspricht freilich nicht der primären Funktion des Bildes und ist nur dann sinnvoll, wenn man die Semiotik mit der Phänomenologie verbindet.

Im Medium der Gefühle

Die mediale Lesart der Phänomenologie beschränkt sich nicht auf die Werke Husserls. Sie bewährt sich auch an Schelers Phänomenologie der Werte. Seine Unterscheidung von Gefühl und Fühlen, von Gefühlszuständen und intentionalen Gefühlen lässt sich so interpretieren, dass Gefühle das Medium bilden, in dem Werte erfahren werden. So wie sich die objektiven Gegenstände der Wahrnehmung in einem geordneten Fluss von Vorstellungen aufbauen, so bauen sich in der Abfolge von Gefühlen objektive Werte auf. Vorstellungen und Gefühle sind demnach die beiden gleichursprünglichen Medien der Phänomenalität, in denen wir die Umgebung als Welt der Werte erfahren. Ja, es gibt Gründe, die Werterfahrung der Gegenstandswahrnehmung voranzustellen. Das aber gibt den Werten selbst den Status von Fiktionen, nicht im Sinne von Täuschungen, wohl aber von Darstellungen des menschlichen In-der-Welt-seins.

Die Gesetze des Mediums der Gefühle sind schwerer zu erkennen als die der gegenständlichen Vorstellungen. Gefühle sind nicht so homogen wie Sinneseindrücke und lassen sich daher nicht so streng abgrenzen wie Vorstellungen. Wie schon Henri Bergson in seinem Werk *Die unmittelbaren Gegebenheiten des Bewußtseins* (1889; dt. *Zeit und Freiheit*) herausgearbeitet hat, durchdringen sich Gefühle gegenseitig; Liebe und Hass beispielsweise gehen unmerklich ineinander über. Hier ist Husserls Charakteristik des Mediums der Phänomenalität als »unbestimmt« und »vage« besonders treffend. Nach welchem Schema sich der Wechsel qualitativ bestimmter Gefühlszustände in objektive Werte verwandeln lässt, wird bei Scheler nur in Ansätzen deutlich. Wie das von ihm beschriebene Phänomen des »Vorziehens« nahe legt, handelt es sich um Regeln der Auswahl dessen, was für den Menschen bedeutsam ist, was seinem Willen zum Leben entgegenkommt. So wie das transzendentale Bewusstsein nur die Informationen aufnimmt, die seiner Struktur angemessen sind (»Lesbarkeit«), so realisiert die triebhafte Drangphantasie nur die Ideen, die dem eigenen Interesse dienen (»Realisierbarkeit«). Schelers Mediengesetze sind demnach Regeln der Realisation, der Repräsentation vom Fühlen aus, die Verdichtung (»Sammlung«) und Verschiebung (»Sublimierung«) von Gefühlen beschreiben: »Als die wahren *ontischen* Gesetze erwiesen sich dann die sog. *Gestaltgesetze*, d.h. Gesetze, die eine gewisse Zeitrhythmik des Geschehens und, von ihr abhängig wieder, gewisse statische Gestalten des körperlichen Daseins vorschreiben«, heißt es in *Die Stellung des Menschen im Kosmos* (67) unter Verweis auf die Abhandlung *Erkenntnis und Arbeit.* Dort entwickelt Scheler eine Wissenssoziologie, die von einer »bewußtseinstranszendenten« Existenz der »Umweltbilder« ausgeht (*Erkenntnis und Arbeit*, 140 ff.). Der ontologische Status der Bilder bewegt sich bei Scheler zwischen Bewusstsein und Materie und kann somit durchaus als »medial« bezeichnet werden. Hier liegen Übereinstimmungen mit dem voluntaristischem Bildbegriff, den Bergson in *Materie und Gedächtnis* (1896) entwickelt hat. Erwähnung verdient auch die Bildontologie von Ludwig Klages (1872-1956), die trotz der Nähe zur Phänomenologie heute nur selten berücksichtigt wird, weil sie zu vitalistisch (»Zug der Bilder«) ausgerichtet ist.

Dasein zwischen Ereignis und Erzählung

Dass Gefühle als Medium der Welterschließung fungieren – heute spricht man von »Affektlogik« als der emotionalen Grundlage des Denkens –, hat Heidegger ins Zentrum seiner Daseinsanalyse gestellt. Verstehen von Welt ist für ihn immer mit »Stimmungen« verbunden. Die Operation Verstehen deutet er als »Auslegung«. Anders als die Synthesis des gegenständlichen Bewusstseins verfährt Auslegung narrativ. Geschichten gliedern das zunächst unbestimmt Gegebene in Anfang, Mitte und Ende. Die Erschließungsfunktion der vorbegrifflichen Auslegung beschreibt Heidegger so: »Sie wirft nicht gleichsam über das nackte Vorhandene eine ›Bedeutung‹ und beklebt es nicht mit einem Wert, sondern mit dem innerweltlichen Begegnenden als solchem hat es je schon eine im Weltverstehen erschlossene Bewandtnis, die durch die Auslegung herausgelegt wird.« (SuZ, 150) Es geht also um den schlichten Sachverhalt, dass durch das menschliche Empfinden und Verhalten die Umwelt immer schon in freundlich oder feindlich gegliedert erfahren wird. Die sprachliche Erschließung der Welt in der Aussage, die zu wissenschaftlicher Erkenntnis führt, ist demgegenüber eine sekundäre Erscheinung, die in der lebensweltlichen Erfahrung ihr Fundament hat.

Heideggers »Als-Struktur« der Auslegung als »Herauslegen« lässt keinen Zweifel daran, dass sein Weltbegriff medialer Natur ist – »Medium« hier verstanden im doppelten Sinne von Handlungs- und Darstellungsmedium. In Heideggers Sprache: »Das In-der-Welt-sein wiederum ist ontologisch verklammert in der Strukturganzheit des Seins des Daseins [...]« (SuZ, 209) Mit dem Strukturbegriff erfährt der Ontologismus eine Transformation ins Mediale, das bei Heidegger »Erschlossenheit« heißt. Denn Medien schaffen keine Wirklichkeit, machen aber Wirklichkeiten sichtbar, erschließen Wirklichkeiten. So fungiert »Dasein« anstelle von Bewusstsein als Multimedium, in dem »Sein« zur Darstellung kommt. Denn der »Sinn von Sein« ist es, erscheinen zu wollen, sichtbar werden zu wollen. Dazu bedarf es des menschlichen Daseins, dem es weniger um sich selbst als vielmehr um das »Sein« (theologisch ausgedrückt: um Gott) geht. Aus dieser Sicht bekommt Heideggers wuchernde Metaphorik der »Entdeckung« des Seienden durch das Dasein, der »Erschlossenheit« des Daseins für das Sein, der Wahrheit als »Lichtung« einen auch semantisch nachvollziehbaren Sinn. »Dasein« steht für die Situationssemantik der Lebenserfahrung, die jeder selbst machen muss. Die Besonderheit dessen, was Heidegger »existenziale Daseinsanalytik« nennt, liegt demnach in der Beschreibung der medialen Funktion des menschlichen Lebens als Schnittstelle der »ontologischen Differenz«.

Eine Bestätigung und Weiterführung des medialen Weltbegriffs liefert Wilhelm Schapp, der von der Phänomenologie der Wahrnehmung unter dem Einfluss Heideggers zu einer »Philosophie der Geschichten« vorgedrungen ist. In seinem Buch *In Geschichten verstrickt. Zum Sein von Mensch und Ding* (1953) löst er sich von Husserls Orientierung an Mathematik und Logik: »Diese Herkunft von der Mathematik und der Logik ist zugleich die Stärke und die Schwäche der Phänomenologie. Ich erinnere mich, dass Husserl einmal, als wir über den weiteren Ausbau der Phänomenologie sprachen, zu dem damals noch kleinen Kreis seiner Schüler sagte: Wir müssten noch einen Historiker haben.« (171) Damit meinte er sicherlich nicht einen Philosophiehistoriker, sondern jemanden, der wie Dilthey die Geschichtlichkeit des menschlichen Lebens berücksichtigt. Dieser jemand war dann Heidegger, dessen Existenzanalyse Schapp narrativ interpretiert. Er sieht in den erzählten Geschichten das universale Medium, in dem Begriffe und Urteile allererst einen bestimmten Sinn erhalten. Der mediale Charakter der Geschichten wird von Schapp selbst nicht benannt, seine Bestimmungen weisen aber eindeutig in diese Richtung. Denn Geschichten, so wie sie Schapp verstanden wissen will, schweben zwischen Handlung, Ereignis und Erzählung. Ihr ontologischer Status liegt demnach zwischen Wirklichkeit und Möglichkeit. Ihre Funktion besteht darin, Unterschiede zu machen und Zusammenhänge herzustellen, wodurch die Lebenswelt »nur über Geschichten und in Geschichten zum Vorschein kommen, auftauchen, festgehalten werden kann« (2). Das trifft auch und insbesondere für die Gefühlszustände zu: »Freude, Trauer, Liebe, Haß tauchen nur in Geschichten auf.« (148) Der Begriff »Geschichten« muss freilich über die literarische Form hinaus erweitert werden, um der Ambiguität sozialer Situationen gerecht zu werden.

Phänomenologie und Literatur

Bei Sartre erreicht die Medialisierung der Existenzialien ihren Höhepunkt in der gegen Husserl gerichteten Expatriierung des Ich aus dem »unpersönlichen Bewußtseinsfeld«. In seiner frühen Studie *Die Transzendenz des Ego* (1936) unternimmt er eine radikale Reinigung des Bewusstseins von allen gegenständlichen Elementen, was nur Sinn macht, wenn man der Subjektivität einen rein medialen Status zuerkennt. Das tut Sartre, allerdings ohne den Begriff »Medium« zu gebrauchen. Indem er die Welt im Sinne des naiven Realismus als das nimmt, was sie ist, Bewusstsein aber als reine Wirklichkeit (*actus purus*) begreift, irrealisiert er das Bewusstsein und verwandelt es in ein Medium, in dem sich die Grundlosigkeit der menschlichen Existenz manifestiert. Von hier aus wird deutlich, dass die Verbindung von Phänomenologie und Literatur mehr als ein biographischer Zufall ist. Sartres Roman *Der Ekel* (1938) sowie sein Erzählband *Die Mauer* (1939), die das Ausgesetztsein des isolierten Subjekts in einer absurden Welt darstellen, lassen sich als literarische Umsetzungen eines Bewusstseinszustands lesen, in dem das scheinbar autonome Ich zum Objekt der Situation wird.

Die Überwindung von Husserls Egologie führt Sartre einerseits zum Freiheitspathos einer sich selbst in jedem Augenblick wählenden Existenz, andererseits zu einem spezifisch französischen Begriff von engagierter Literatur, deren Aufgabe darin liegt, die Welt total in Besitz zu nehmen. Dabei spielt der Begriff der Botschaft eine Rolle, wodurch der Leser in den Prozess mit einbezogen wird. »Botschaft« ist nicht identisch mit der Intention des Autors. Ein Werk ist für Sartre nur dann gelungen, wenn es die Intention des Autors übersteigt, wenn das dem Autor selbst verborgene Medium (Sartre sagt: »Stil«) die Botschaft ist: »Der Mensch ist das Mittel, durch das die Dinge sich manifestieren [...] Wenn wir aber die Entdecker des Seins sind, dann wissen wir auch, daß wir nicht dessen Erzeuger sind.« (*Was ist Literatur?*, 25) Das stürzt den Autor in eine Dialektik von Wesentlichkeit und Unwesentlichkeit, die der von Husserl formulierten Paradoxie der Subjektivität, Teil der Welt zu sein und zugleich als Beobachter (als Erzähler oder Berichterstatter) über der Welt zu stehen, entspricht. Der Phänomenologe und der Schriftsteller Sartre treffen sich in der dichten Beschreibung des Mediums der Phänomenalität, das im literarischen Kunstwerk zum Fenster zur Welt wird. Literatur als kommunikatives Medium enthüllt das In-der-Welt-sein als imaginäres Gewebe von Fremd- und Selbstbezügen, von Forderungen und Erfüllungen, in denen sich Autor und Leser begegnen.

Mediale Erweiterung des menschlichen Körpers

Anders als bei Sartre ist bei Merleau-Ponty die Medialisierung an den Sinnbegriff geknüpft. »Sinn« ist für ihn aber nicht auf das begriffliche Denken beschränkt, auch nicht auf die sprachliche Äußerung, sondern bildet sich im Medium des Körpers. In Anlehnung an die Gestaltpsychologie liefert er eindrucksvolle Beschreibungen des Körperschemas und der Körperbilder, die deutlich machen, wie der Mensch in der Wahrnehmung schon mit seiner ganzen Leiblichkeit in die Welt verflochten ist. Leitend ist dabei die Eliminierung des positivistischen Empfindungsbegriffs durch die Einsicht, dass das Ganze mehr ist als die Summe seiner Teile. Dabei wendet sich Merleau-Ponty gegen die Annahme einer zusätzlichen »symbolischen Funktion«. Damit kommt die Materialität des Bewusstseins ins Spiel, die in Husserls Konstitutionsanalysen unterbelichtet bleibt und erst in der *Phänomenologie der Wahrnehmung* von

Merleau-Ponty zur endgültigen Überwindung des Mentalismus führt.

Die in der Struktur des Körpers vorgebildete sinnhafte Struktur der Wahrnehmung prägt nach Merleau-Ponty auch die gesellschaftliche Welt noch vor dem bewussten und normativen Handeln. Die Formen des sozialen Lebens sind durch die physische und psychische Konstitution des Menschen zwar nicht festgelegt, sie bilden aber den Bezugspunkt aller gesellschaftlichen und sprachlichen Konventionen. Das ist der eigentliche Ort, an dem sich die Dialektik der gesellschaftlichen Entwicklung vollzieht. Aus dieser Sicht bringt Merleau-Ponty ein neues Element in die französische Marxismus-Diskussion der 1950er Jahre, das in Jean Baudrillards Simulationstheorie seine volle Entfaltung findet. In den modernen Medien verlieren die Zeichen nach Baudrillard jede Wahrheitsfunktion, so dass die virtuelle Realität als Medium der Verführung sich selbst genügt. An Merleau-Ponty orientiert sich auch die anthropologische Medientheorie von Paul Virilio, der daraus eine Kritik der elektronischen Medien ableitet.

Die Nähe zu McLuhans Medienbegriff lässt sich an Merleau-Pontys Lieblingsbeispiel des Blindenstocks ablesen. Der Stock ist für ihn kein Objekt unter anderen, sondern ein Teil der Orientierungsfähigkeit des Körpers. Der Blinde nimmt ihn nicht als Objekt wahr, sondern als Instrument und zugleich als Organ, mit dem er die Umgebung erschließt. Merleau-Ponty sieht darin eine Erweiterung der Leiblichkeit, so wie McLuhan Medien als Organerweiterungen auffasst. Der Körper ist demnach das Medium, in dem die Umwelt als Bedeutungsträger erfahren wird. Merleau-Pontys Strukturanalysen sind daher mehr als Beiträge zur Morphologie, sie formulieren eine »Logik des Leibes«, die es dem Phänomenologen ermöglichen soll, »in uns und in der Welt das Verhältnis von Sinn und Un-Sinn zu begreifen« (*Phänomenologie der Wahrnehmung*, 478). Bei Husserl ist es das Verhältnis von Evidenz und Absurdität, das nicht mehr logisch, sondern nur noch ästhetisch erfahren werden kann. An die Stelle des in der transzendentalen Phänomenologie Husserls dominierenden Begründungsgedankens tritt bei Merleau-Ponty die »Sichtbarkeit«, die den medialen Status der wahrgenommenen Welt bestätigt. Hier wird noch stärker als schon bei Husserl deutlich, dass die Phänomenologie als »ästhetische Theorie« auf eine formale Medientheorie zusteuert, die allen empirischen Medienwissenschaften als Leitfaden dienen kann, weil sie gegenüber dem rein logischen Konstruktivismus die Strukturen der Konstitution freilegt.

Mediale Dekonstruktion

Schließlich ist für die Phänomenologie in Frankreich noch Jacques Derrida zu nennen, der anhand subtiler Analysen der Texte Husserls und Heideggers die mediale Funktion des transzendentalen Bewusstseins an den äußeren Medien wie Stimme und Schrift ausdifferenziert. Dabei operiert er mit dem Begriff der Differenz, erweitert ihn aber über die Bedeutung hinaus, die er in Heideggers Rede von der »ontologischen Differenz« hat. Dafür hat Derrida das französische Kunstwort »différance« gebildet, das mit dem Doppelsinn von frz. *différer* (aufschieben) spielt und zum Schibboleth der postmodernen Dekonstruktion geworden ist. Der auch für nüchterne Köpfe nachvollziehbare Grundgedanke ist der, dass die phänomenologische Absolutsetzung der Präsenz auf einer Philosophie der Identität beruht und das Nichtidentische, das allem Gegebenen zugrunde liegt, nicht berücksichtigt. In jeder Evidenz steckt nach Derrida der Keim ihrer Auflösung, so dass die Sicherheit, die Husserls Transzendentalismus verspricht, eine Täuschung ist. Der phänomenologische Postmodernismus löst die Welt in ein Gefüge von Medien und Metamedien auf, in deren Zwischenräumen sich das Subjekt selbst nur noch als Medium erfahren kann. Entsprechend wird Phänomenologie aus einer Wissenschaft zu einer Kunst des Jonglierens mit Worten und Metaphern, deren modische Auswüchse nicht unbedingt dazu beigetragen haben, den Glauben an die Zukunft der Phänomenologie zu stärken. Mit dem Rückgang des modischen Postmodernismus aber wird erkennbar, dass die Phänomenologie auch dazu beigetragen hat, dem Poststrukturalismus neue Horizonte zu erschließen.

In Deutschland ist es gegenwärtig Bernhard Waldenfels, der im Fahrwasser der französischen Denker Phänomenologie als Dialog mit der Wirklichkeit betreibt, ohne aber in die intellektuellen Exzesse der französischen Vordenker zu verfallen. Der Dialog besteht aus Rede und Antwort, die aber nie zu endgültiger Übereinstimmung führen. Eine besondere Stärke der Position von Waldenfels liegt darin, dass er das Verhältnis der Phänomenologie zur Semiotik reflektiert. Statt hier einen unversöhnlichen Gegensatz zu sehen, macht er klar, dass beide Betrachtungsweisen zusammengehören bzw. sich ergänzen. Sie treffen sich im Begriff des Mediums, das als Bedeutungsträger immer etwas von einem Zeichen hat, das sich aber nicht auf das rein formale Zeichenmodell von Charles S. Peirce reduzieren lässt. Ein Medium ist darüber hinaus durch seine Materialität geprägt, die als unthematischer und vom Zeichenbenutzer nicht intendierter Grund fungiert, auf dem die Bedeutung als Figur sichtbar wird.

Die hier vorgeschlagene mediale Lesart der Phänomenologie mag seitens klassischer Phänomenologen auf Skepsis stoßen. Zu nachhaltig haben der Begründungsanspruch Husserls und die Seinsverliebtheit Heideggers das akademische Profil der Phänomenologie geprägt. Aber gerade hier liegen die Grenzen, die geöffnet werden müssen, damit die Phänomenologie auch mit den Themen wahrgenommen wird, die in die Zukunft weisen wie z.B. eine Analyse des In-der-Welt-seins jenseits des intentionalistischen Vokabulars. Der erste Schritt dahin war die Verwendung des Strukturbegriffs, durch den die Direktheit der Intentionalität gebrochen und Regeln unterworfen wird, die Genesis und Geltung, Leben und Form auf einen Nenner bringen. Die sich daraus ergebenden Schwierigkeiten führen zum zweiten noch nicht vollendeten Schritt der Transformation von »Struktur« in »Medium«. Dadurch wird der in Husserls Bewusstseinsanalysen immer wieder durchschlagende Dualismus von gegenständlicher Evidenz und formalistischem Zeichengebrauch aufgehoben. Das Medium der Phänomenalität bildet die Grenze, an der Subjekt und Objekt, Erfahrung und Urteil zusammenstoßen. Nur wenn es gelingt, dieses Grenzgebiet zu erschließen, kann der Mensch im Vertrauen auf die Kraft seines wissenschaftlichen Ethos eine geistige Welt schaffen, in der verschiedene Kulturen miteinander konkurrieren.

Allgemeine Medientheorie

Wie Kulturphilosophie immer mit Kulturkritik einhergeht, so gehört zur Medienwissenschaft auch Medienkritik – ja, sie hat in den 1960er Jahren mit einer meist marxistisch orientierten Kapitalismuskritik begonnen. Auch hier kann die Phänomenologie durch ihre Bewusstseinsanalysen Maßstäbe für normative Aussagen liefern. Der mediale Standpunkt bildet gleichsam den archimedischen Punkt, von dem aus deutlich wird, dass die Neuen Medien nicht nur Resultat technischer Entwicklungen sind, sondern der konsequente Ausdruck der modernen Subjektivität: mediale Phänomenologie als Fortsetzung von Nietzsches »ästhetischer Rechtfertigung der Welt durch den Schein«. Das

Medium ist demnach nicht nur die Botschaft, sondern auch die Rechtfertigung, die dem auf sich selbst gestellten Menschen im Zeitalter der Medialisierung zur Verfügung steht.

Mit der Transformation der Phänomenologie soll allerdings nicht gesagt sein, dass Phänomenologie in empirischen Medienwissenschaften aufgeht. Die Rolle der Phänomenologie kann nur die einer Begriffsklärung sein, auf die die sich gerade erst etablierenden Medienwissenschaften nicht verzichten können. Wenn Phänomenologie konsequent als allgemeine Medientheorie durchgeführt wird, kann die einseitige Orientierung am Sender-Empfänger-Modell überwunden werden. Das wird auch den Medienwissenschaften helfen, einen Medienbegriff zu entwickeln, der auf die so genannten Neuen Medien anwendbar ist, aber sich nicht ausschließlich an der Technik orientiert. Ein allgemeiner Medienbegriff, der alle symbolischen Formen von der Wahrnehmung über die Musik und die Sprache bis zur Technik umfasst, lässt sich nicht am Paradigma eines bestimmten Mediums gewinnen.

Nicht zufällig werden die Medienwissenschaften bei der Klärung ihres wissenschaftstheoretischen Status immer wieder auf einen philosophischen Medienbegriff im Rahmen erkenntnistheoretischer Fragestellungen verwiesen. Nimmt man etwa die modernen Filmtheorien, so ist unübersehbar, dass sie auch bei ›materialistischer‹ Orientierung ihre Kategorien den klassischen Bewusstseinstheorien entlehnen. Als häufigste Referenzen werden Platos Höhlengleichnis, Berkeleys *esse est percipi*, Kants Unterscheidung von Erscheinung und »Ding an sich« oder Ernst Machs Auflösung der materiellen Wirklichkeit in ein Bündel von Empfindungen genannt. All diese Positionen werden erst durch die Phänomenologie als Strukturwissenschaft des Bewusstseins auf eine logisch-semiotische Ebene gehoben, auf der sich die allgemeine Medientheorie bewegt.

An dieser Stelle ist neben Husserl auch Henri Bergson zu nennen, der in seinem Hauptwerk *Schöpferische Entwicklung* (1907) Bewusstsein als Erfahrung der Dauer und diese als »unwägbares Medium« (371) definiert. Die Ausweitung des phänomenalen Bewusstseins durch die wissenschaftliche Begriffsbildung erläutert er durch das technische Medium Film. Die Wissenschaft verfahre nach der »kinematographischen Methode«, die darin bestehe, durch ein schnelles Abspulen von Momentaufnahmen Bewegung zu simulieren: »Ob es sich nun darum handle, das Werden zu denken oder auszudrücken, ja es wahrzunehmen – wir tun nichts weiter, als einen inneren Kinematographen in Tätigkeit zu setzen [...] der Mechanismus unseres gewöhnlichen Denkens ist kinematographischen Wesens.« (309) Dem Mechanismus des pragmatisch ausgerichteten »gewöhnlichen« Denkens setzt Bergson die Intuition entgegen, welche sich der inneren Gliederung des Zeitflusses anschmiegt. Genau den gleichen Gedanken verfolgt auch Husserl, der die Intentionalität des Zeitbewusstseins als Zusammenspiel von »Retention« (Naherinnerung; Noch-bewußt-haben) und »Protention« (Naherwartung; Vorgriff) beschreibt. Damit wird klar: Phänomenologie und Lebensphilosophie treffen sich in der medialen Auffassung des Bewusstseins, welche Funktion und Struktur miteinander verbindet.

Phänomenales Bewusstsein und Virtual Reality

Die Transformation der Phänomenologie in allgemeine Medientheorie lässt bedeutende Konsequenzen für das Selbstverständnis des postmodernen Menschen erwarten. Sie wird dazu beitragen, Subjektivität von den traditionellen Dualismen von Präsentation und Repräsentation, von Eigentlichkeit und Entfremdung, von Unmittelbarkeit und System, von Körper und Maschine und wie die Oppositionen alle heißen, zu befreien. Sicherlich ist es zutreffend, dass durch die elektronischen und digitalen Medien die menschliche Kommunikation entkörperlicht wird und die Grenzen zwischen Fiktion und Wirklichkeit verschwimmen. Bewusstsein bildet ein Feld zwischen Spontaneität und Rezeptivität; es nimmt nur das auf und gibt nur das wieder, was seinen Strukturen entspricht. Insofern ist Bewusstsein das Medium der Wirklichkeit, das allen speziellen Medien wie Sprache oder Geld vorangeht. Daher verspricht Phänomenologie als allgemeine Medientheorie einen neuen Weg auf der Suche nach der »wahren Wirklichkeit«, auf der sich Husserl sein Leben lang befunden hat.

Die mediale Interpretation des Bewusstseins hat eine signifikante Veränderung des Wirklichkeitsbegriffs zur Folge. Für den transzendentalen Idealismus sind die Kriterien der Wirklichkeit die Zusammenstimmung der Erscheinungen sowie ihre Entsprechung mit ewigen Vernunftwahrheiten. Der logische Positivismus dagegen ersetzt die »ewigen Vernunftwahrheiten« durch die Unverfügbarkeit des Gegebenen, wie es den Sinnen begegnet. Mit der Erfahrung des Widerstands aber hat es nicht sein Bewenden, wie Heidegger in § 43 von *Sein und Zeit* bei der Erörterung des »Realitätsproblems« deutlich macht. Eine von Menschen unabhängige Wirklichkeit ist nicht direkt erkennbar. Dass wir als naive Realisten eine von unseren Sinneseindrücken unabhängige Wirklichkeit annehmen, verdankt sich keiner begrifflichen Reflexion, sondern wird durch das natürliche Orientierungsbedürfnis selbst nahe gelegt. Denn so sehr die Sinne uns auch täuschen mögen, am eigenen Leib verspüren wir doch die Realität, die inneres und äußeres Milieu so miteinander verbindet, dass für den Menschen eine Welt entsteht. So kann man sagen: Das Medium der Phänomenalität ist kein gedankliches Konstrukt, sondern die Wirklichkeit, in der wir Menschen leben. Das war immer so. Erst die Technik der elektronischen Medien hat diesen Sachverhalt in Form virtueller Realitäten zum Bewusstsein gebracht und zur postmodernen Lebensform gemacht.

Phänomenologie als Rettung der Wirklichkeit

Ob die Transformation der transzendentalen Phänomenologie in allgemeine Medientheorie wirklich gelingt, ob daraus mehr als eine Methode hervorgeht oder ein selbständiger Zweig der Philosophie daraus erwächst, bleibt eine offene Frage. Zweifellos aber ist eine Sensibilität dafür entstanden, dass sich auf dem Gebiet der Phänomenologie etwas bewegt. Nicht zufällig hat sich in Deutschland eine Richtung etabliert, die den Namen »Neue Phänomenologie« trägt und deren Leitfigur der Kieler Philosoph Hermann Schmitz ist. Seine ausladenden Beschreibungen konzentrieren sich auf Gefühlszustände und »Atmosphären«, in denen er das bevorzugte Medium der Welterschließung sieht. So eindrucksvoll die Beschreibungen der Lebensgefühle als Medium der Wirklichkeitserschließung auch sind, so sehr verharrt die »Neue Phänomenologie« doch in einer vormodernen Einstellung. Sie verkennt, wie stark über die Unmittelbarkeit des Fühlens hinaus die Semantisierung der Gefühle die Entwicklung des Bewusstseins steuert. Begriffe ohne Emotionen sind blind, aber Emotionen ohne Begriffe bleiben privat und entziehen sich der Mitteilbarkeit. Das gilt auch und gerade für die Körpererfahrung, die ohne symbolische Formen nicht auskommt. Die Sonderstellung des eigenen Körpers, von innen und von außen zugleich erfahrbar zu sein, drängt immer auf Erweiterung. Unsere Innenwelt will zur Außenwelt werden und umgekehrt. Auf diese Weise erschließt sich dem Menschen die Fülle der Welt, die ihn umgibt und die er selbst ist. Daher geht die Klage über einen angeblichen Erfahrungs- und Wirklichkeitsverlust an der Sache vorbei.

Inwieweit sich die Phänomenologie zur allgemeinen Medientheorie entwickeln kann, hängt nicht zuletzt davon ab, wie sich das Verhältnis zur Semiotik gestaltet, die sich als neue Wissenschaft zwischen Linguistik und Informatik zu etablieren versucht. Dass die Semiotik als allgemeine Theorie der sprachlichen Zeichen dieses Ziel auch institutionell noch nicht erreicht hat, liegt wahrscheinlich daran, dass sie durch ihre linguistische Ausrichtung an die vorsprachliche Dimension der Erfahrung nicht herankommt, die Husserl durch seine Korrelationsanalysen erschließt. Seine ursprüngliche Einsicht in die Doppelseitigkeit der Logik macht die Phänomenologie anschlussfähig an die modernen Wissenschaften vom Menschen in ihren verschiedenen biologischen, soziologischen und ästhetischen Ausrichtungen. Husserl hat diese Öffnung nur zögernd vollzogen, da er darin mit Heidegger »Verfallenheit« an die Faktizität, »Weltverlorenheit« erblickte, die er durch Verwandlung der kontingenten Wirklichkeiten in »reine Möglichkeiten« überwinden wollte: »Man muß erst die Welt durch *epoché* verlieren, um sie in universaler Selbstbesinnung wiederzugewinnen.« (Hua I, 183) Die aus der Theologie stammende Dialektik von Weltverlust und Weltgewinn entfaltet ihre Kraft aber erst in der Überschreitung der Innenwelt des sich selbst genügenden transzendentalen Subjekts.

Die mediale Transformation des transzendentalen Idealismus lässt erwarten, dass die Phänomenologie wesentliche Beiträge zur Bedeutungstheorie, zur Theorie des Verstehens sowie zur Theorie der Rationalität überhaupt liefern wird. Sie alle münden in die Frage nach der Vernünftigkeit der Wirklichkeit, die sich nicht auf die Widerspruchsfreiheit formaler Systeme reduzieren lässt. Insbesondere das ungeklärte Verhältnis von Bewusstsein und Sprache, das die Philosophie derzeit in zwei feindliche Lager spaltet, kann durch eine mediale Phänomenologie der Auflösung näher gebracht werden. Denn es handelt sich um zwei Medien, ein inneres und ein äußeres, die im Wechselverhältnis zueinander stehen. Keinem der beiden kommt als ›Letztmedium‹ der Primat zu. Die Inhalte des Bewusstseins, die Bedeutungen, sind auf sprachliche Artikulation angewiesen, um mitteilbar zu werden, aber die Sprache ihrerseits kann ohne das Denken keine überzeitlichen Bedeutungen bilden. Zur Wirklichkeit gibt es keinen anderen Zugang als über das Bewusstsein, in dessen Modalitäten der Mensch sich selbst, den anderen Menschen und der Welt begegnet. Im Sinne eines Sprache, Bild und auch Musik umfassenden weiten Begriffs der »Neuen Medien« wird es daher auch in Zukunft gestattet sein, mit Husserl vom Bewusstsein als »Medium der Phänomenalität« zu sprechen.

Epilog 2015

Die in dieser Einführung vertretene These hat Anlass zu kritischen Einwänden gegeben, sowohl seitens der akademischen Phänomenologie als auch seitens der Medienwissenschaften. Die klassischen Phänomenologen, die am transzendentalen Idealismus festhalten, fürchten um die Idealität der Bewusstseinsphänomene. Damit würde Phänomenologie auf den Stand einer naturalistischen Philosophie zurückgeworfen, von der sie Husserl befreit hat. Für die Medienwissenschaftler dagegen, die es mit Medien im Plural zu tun haben und die soziologisch arbeiten, kommt der Anspruch auf eine allgemeine Medientheorie einem mentalistischen Überbau gleich, aus dem keine brauchbaren Anweisungen für konkrete Forschungen über die soziale Funktion der Medien abzuleiten sind.

An beiden Einwänden ist etwas dran, aber sie treffen nicht den Kern der Sache. Empirische Untersuchungen einzelner Medien oder »der Medien« arbeiten immer mit theoretischen Voraussetzungen, die in der Regel unreflektiert bleiben. Ohne einen theoretischen Rahmen aber gibt es keine zukunftsweisenden Fragestellungen, welche die Empirie über die Statistik hinausbringen. Eine allgemeine Medientheorie, wie sie die Phänomenologie bietet, will keine Medienphilosophie als eigene Disziplin etablieren, sondern die kategorialen Voraussetzungen der empirischen Forschung explizit machen und damit Perspektiven und Grenzen der virtuellen Welt aufzeigen.

Auf der anderen Seite ist Phänomenologie, die sich als Transzendentalphilosophie versteht, daran zu erinnern, dass Husserl selbst in der Auseinandersetzung mit der zeitgenössischen Psychologie den Begriff »transzendental« in einem über Kant weit hinausgehenden Sinne verwendet. Husserl stützt sich auf phänomenale Evidenzen, die sich nicht auf synthetische Erkenntnis a priori zurückführen lassen, sondern der Analyse der unmittelbaren Gegebenheiten des Bewusstseins entspringen. Damit aber bewegt sich die phänomenologische Forschung, kantisch gesprochen, auf dem Gebiet des transzendentalen Scheins, der dem modernen Medienbegriff zugrunde liegt.

Wahrnehmung und Bild

Aus dieser Konstellation ergibt sich die Aufgabe, für die Philosophie als strenge Wissenschaft einen dritten Weg zwischen Positivismus und Idealismus zu finden. Dieser Weg führt laut Husserl durch das »Medium der Phänomenalität«, aus dem Theorien ihr begriffliches Wissen herausholen. Um zu zeigen, wie das vor sich geht, werde ich, darin Husserls Beispiel folgend, die Medialisierung des Bewusstseins an der Bildwahrnehmung genauer erläutern, als es im Text geschehen ist. Die Strukturanalogie von Wahrnehmung und Bild soll deutlich machen, dass der natürliche Weltbegriff immer schon mediale Elemente enthält. Durch den Schritt von der analogen zur digitalen Repräsentation haben die Neuen Medien Dimensionen der Wirklichkeit erschlossen, von denen Husserl nur träumen konnte. Mit den virtuellen Welten der elektronisch erzeugten Wirklichkeiten ist Realität aber nicht verschwunden, sie hat lediglich ihre Substantialität eingebüßt. Der Schritt vom Substanzbegriff zum Funktionsbegriff hat dem In-der-Welt-sein weite Felder eröffnet, deren wissenssoziologische Erschließung von Heidegger und Sartre bis hin zu Niklas Luhmann realisiert worden ist.

In seinen differenzierten Analysen der Bildwahrnehmung unterscheidet Husserl zwischen dem abgebildeten Gegenstand, den er »Bildsujet« nennt, und dem als Bild fungierenden Artefakt, dem Bildträger. Von beiden unterscheidet er als drittes Element das »abbildende Bildobjekt«. Am von Husserl in § 111 von *Ideen I* gewählten Beispiel von Dürers Kupferstichblatt »Ritter, Tod und Teufel« sind die in schwarzen Linien gezeichneten Figürchen das Bildobjekt. Der Begriff des Bildobjekts im Unterschied zum abgebildeten Objekt entspricht der Unterscheidung von »Sehding« oder »Sehobjekt« und wirklichem Ding, die der Psychologe Ewald Hering in seiner Phänomenologie der Raumwahrnehmung gemacht hat. »Sehding« heißt die Ansicht, die jemand von einem Gegenstand der visuellen Wahrnehmung hat. In der normalen Wahrnehmung identifizieren wir das, was wir sehen, mit dem realen Gegenstand. Das aber ist eine Interpretation der sinnlichen Gegebenheiten, die sich als Täuschung erweisen kann. Allerdings ist die Täuschungsanfälligkeit nicht grenzenlos, da die Abstände zwischen Punkten eines Sehdings zueinander im selben Verhältnis stehen wie die Abstände der homologen Punkte des wirklichen Objekts, das mit objektiven Messungen identifizierbar ist. Konkreter ausgedrückt: Ein psychisch normaler Mensch kann beim Anblick eines Elefanten nicht glauben, dass er eine Mücke vor sich hat.

Mit dem »Bildobjekt« verhält es sich ebenso. Das Bildobjekt ist die bedruckte Oberfläche, die zur Materialität des Bildträgers gehört. Zugleich besitzt die Oberfläche eine Gestaltgleichheit oder Isomorphie mit dem dargestellten Gegenstand. Auf dem Blatt Papier ist der Ritter als zweidimensionale Figur präsent. Die Relation der einzelnen Punkte auf dem Papier interpretiert der Betrachter automatisch als Tiefendimension. Dass der Mensch ein Bild nicht nur als ein buntes Stück Papier wahrnimmt, sondern als Darstellung von etwas Abwesendem, beruht auf der Fähigkeit, zwischen der Materialität des Bildträgers und der Zeichnung seiner Oberfläche zu unterscheiden und als Diskrepanz wahrzunehmen. Die Diskrepanz lenkt die Aufmerksamkeit auf den abgebildeten Gegenstand, der in der Wahrnehmung von verschiedenen Seiten in Augenschein genommen werden kann. Das Bild dagegen liefert eine einzige fixierte Ansicht, die der Betrachter durch Positionsänderung nicht variieren kann. Man kann die Idealität des Bildes geradezu als Repräsentation des Widerstreits beider Elemente bezeichnen. Dieser Widerstreit ist gemeint, wenn Husserl schreibt, »dass sich das Bild als solches in einem eigenartigen intentionalen Bewusstsein konstituiert« (II/1, 422). Bildlichkeit ist kein reales Prädikat, sondern beruht auf dem Bewusstsein des Betrachters. Zu dieser Leistung sind Tiere offenbar nicht oder nur in rudimentärer Form in der Lage. Kurzum: Mit seinem Hund kann man keine Urlaubsfotos anschauen.

Die Einführung des Begriffs Bildobjekt hat zu Fehlinterpretationen geführt und hat sich in der modernen Bildwissenschaft auch nicht durchgesetzt. Mit der Unterscheidung von Bildsujet und Bildobjekt aber hebt Husserl einen Aspekt der Bildlichkeit heraus, der für das Verständnis der Medialität zentral ist. Das Bildobjekt, so heißt es bei Husserl, steht vor dem Betrachter »weder als seiend, noch als nichtseiend« (Hua III/1, 226). Es wird allein in seiner Funktion, Abwesendes sichtbar zu machen, wahrgenommen. Als Ansicht ist es virtuell und hebt sich sowohl vom Bildträger als auch vom abgebildeten Gegenstand ab. Der abgebildete Gegenstand braucht nicht mehr zu existieren, auf dem Bild ist er aber noch gegenwärtig. Gegenüber den wechselnden Perspektiven des Betrachters bleibt die Ansicht auf dem Bild konstant. Das macht die Idealität des Bildes aus, die darin besteht, dass der Betrachter auf dem Bild Gegenstände sieht, aber zugleich weiß, dass er nicht die Realität vor sich hat, um bei Husserls Beispiel zu bleiben, nicht den Ritter »aus Fleisch und Blut«.

Durch die Analyse der Bildlichkeit dürfte die Strukturaffinität zwischen Bild und Wahrnehmung deutlich geworden sein. Bei der Betrachtung eines Bildes fungiert das Bildobjekt als Medium der Wahrnehmung eines abwesenden Gegenstandes. Das Bild als materielles Medium ist nun aber selbst wieder Gegenstand der Wahrnehmung, was zu einem unendlichen Regress führen würde, wenn Wahrnehmung selbst Gegenstand sein könnte. Auch in der Introspektion bleibt sie unmittelbares Erleben, an dem man nicht zwischen Gegenstand und Gegebenheitsweise unterscheiden kann. Erleben besteht aus einem heterogenen Kontinuum von Bewusstseinszuständen, das Husserl als absoluten Fluss von Phänomenen beschreibt: »Die sinnlich fassbaren Unveränderungen, Veränderungen und Änderungsabhängigkeiten geben überall der Erkenntnis die Leitung, und fungieren für sie gleichsam als ›vages‹ Medium, in dem sich die wahre, objektive, physikalisch-exakte Natur darstellt« (*Philosophie als strenge Wissenschaft*, 34) . Somit fungiert Bewusstsein als inneres Medium, hinter das nicht zurückgegangen werden kann. Anders gesagt: Menschliches Bewusstsein ist das »Letztmedium«, in dem Sein und Schein zusammenfallen.

Wir nehmen die Welt als Inbegriff von Erscheinungen war, die im Normalfall einen in sich einstimmigen Kontext von Ansichten bilden. In diesem Kontext konstituieren sich Gegenstände als Wirklichkeiten, auf die wir uns im praktischen Leben verlassen. Den Aufbau der Realität der Außenwelt in vorgezeichneten Schritten hält Husserl für wesensnotwendig. Raumzeitliches, so schreibt Husserl, ist »auch für Gott – als dem idealen Repräsentanten der absoluten Erkenntnis – nur anschaubar

[ist] durch Erscheinungen, in denen es ›perspektivisch‹ in mannigfaltigen aber bestimmten Weisen wechselnd und dabei in wechselnden Orientierungen gegeben ist und gegeben sein muss« (Hua III/1, 316). Aber die Konstitution bleibt für Husserl ein Problem, da sich Aktivität und Passivität in einer logisch nicht restlos auflösbaren Weise durchdringen. Das macht Konstitution zu einem zweideutigen Begriff, welcher der Zweideutigkeit des Phänomenbegriffs (subjektive Vorstellung und Sinneswahrnehmung) entspricht. Auf dieser doppelten Zweideutigkeit beruht die Medialität des intentionalen Bewusstseins. Die von Husserl registrierte »Vagheit« des Mediums hat zur Folge, dass es für »Medium« bis heute keine einheitliche Definition gibt, ja auch nicht geben kann. So bleibt die Rede vom Medium als solchem immer metaphorisch, denn Medialität ist ebenso wenig wie Bildlichkeit ein reales Prädikat. Dieses Fazit löst die hier vertretene Interpretation der Phänomenologie als Medientheorie nicht auf, sondern bestätigt ihren Universalitätsanspruch, der nur in Form eines offenen Prozesses menschlicher Welterschließung eingelöst werden kann.

Der logische Status des Mediums der Phänomenologie

Ich bin in diesem Epilog noch einmal detailliert auf die Bildtheorie eingegangen, um deutlich zu machen, dass Phänomenologie als allgemeine Medientheorie einen dritten Weg zwischen Idealismus und Materialismus beschreitet. Der Nachfolger auf dem Lehrstuhl Heideggers, der Ungar Wilhelm Szilasi, hat 1959 in seiner *Einführung in die Phänomenologie Edmund Husserls* diesen Weg vorgezeichnet. Er wendet sich gegen die empiristische Auffassung des Bewusstseins als *tabula rasa* mit dem Hinweis, dass der Mensch nur das in sich aufnimmt, was seiner Konstitution entspricht. Durch kritische Auslese der einströmenden Reize gelingt es dem menschlichen Bewusstsein, »immer einen lesbaren, kontinuierlichen Text der Erfahrung, einen zusammenhängenden Text« herzustellen, »in welchem es die Welt, die weltlichen Zusammenhänge und sich selbst lesen kann« (91). Die Lesbarkeit der Welt garantiert ihre Lebbarkeit, und das deutet darauf hin, dass die Leistung des Bewusstseins auf biologischen Prozessen der Anpassung beruht. Konrad Lorenz hat diesen Gedanken in seiner Naturgeschichte des menschlichen Erkennens verfolgt und für die natürliche Überzeugung von der Realität der Außenwelt auf Szilasi Bezug genommen: »Wie der Freiburger Philosoph Szilasi in seiner durch geringe Beherrschung der deutschen Sprache zu lapidarer Größe gezwungenen Ausdrucksweise zu sagen pflegte: Gibt es nicht ein Ding an sich, gibt es viele Ding-an-siche« (*Die Rückseite des Spiegels*, 23). Entsprechend interpretiert Szilasi Husserls phänomenologischen Idealismus als »transzendentalen Positivismus«. Das soll heißen: Bewusstsein ist kein rein mentales Phänomen, es hat immer auch materielle Elemente, ohne die die Welt reine Vorstellung bleiben würde. Damit verschieben sich die Kriterien strenger Wissenschaftlichkeit, wie sie Husserls Phänomenologie vorgeschwebt hat: »Darunter verstand er nicht eine Wissenschaft neben anderen, sondern die Kontrolle der Einstimmigkeit, die für alle Denker verpflichtend sein soll.« (Szilasi, 119)

Die Transformation der Phänomenologie in Medientheorie hat unter dem Einfluss der Massenmedien in der zweiten Hälfte des 20. Jahrhunderts beachtliche Fortschritte gemacht. Theoretisch führend waren Gregory Bateson mit seiner *Ökologie des Geistes* (1981) sowie Niklas Luhmann mit seiner Systemtheorie. Luhmann hat unter Bezugnahme auf einen Aufsatz des Psychologen Fritz Heider »Ding und Medium« aus dem Jahre 1926 die epistemologischen Voraussetzungen der Medientheorie formuliert und damit der Medialität einen sicheren Platz im kulturellen Selbstverständnis der Gegenwart verschafft. Um der historischen Gerechtigkeit willen sei darauf hingewiesen, dass schon 1927 Karl Bühler Heiders Aufsatz zur Definition des Begriffs Medium herangezogen und damit der Verbindung von Psychologie und Biologie den Weg geebnet hat (*Die Krise der Psychologie*, 151).

Heider hat nach dem Vorbild Husserls die visuelle Dingwahrnehmung beschrieben und dabei die Funktion der materiellen Medien wie Licht und Wasser herausgehoben, in denen sich die Menschen bewegen. Diese Medien sind selbst unstrukturiert und treten normalerweise nicht in Erscheinung. Ohne Licht können wir nicht sehen, wie die Dinge aussehen, aber Licht selbst bleibt unsichtbar, es sei denn im Falle des Lichts »am Ende des Tunnels«. Moderne Theorien der visuellen Wahrnehmung haben in der Erforschung der natürlichen Medien bedeutende Fortschritte in Richtung auf die Ökologie gemacht. Durchschlagend war der Amerikaner James J. Gibson mit seinem Buch *Wahrnehmung und Umwelt* (1982). Gibson knüpft wie Husserl an die Gestaltpsychologie an und differenziert die Gesetze der Wahrnehmung durch Erfahrungen mit neuen Technologien, die Husserl beim Umkreisen des Aschenbechers noch nicht zur Verfügung standen.

Damit ist der logische Status der Phänomenologie umrissen, der für die Methodologie der empirischen Medienwissenschaften leitend wurde. Diese haben es mit künstlichen Medien zu tun, die Menschen herstellen, um Botschaften zu verbreiten. Dabei ist zu unterscheiden zwischen symbolischen Zeichen, Sprachen, und analogen Zeichen, Bildern. Sprachliche Zeichen sind willkürlich festlegbar, was in Ludwig Wittgensteins Formulierung »Sprachspiele« zum Ausdruck kommt. Sie dienen primär der Kommunikation. Bilder dagegen sind gemäß ihrer Funktion

Wahrnehmungs- und Darstellungsmedien. Ihre Bedeutung lässt sich nicht beliebig festlegen, sondern ist an die Gesetze der visuellen Wahrnehmung gebunden. In allen Arten von Medien sind Wahrnehmen und Verstehen nicht zwei verschiedene Fähigkeiten, sondern sie sind durch physiologische Grundlagen untrennbar miteinander verbunden.

Die empirischen Medienwissenschaften konzentrieren sich auf die gesellschaftlichen Folgen der Neuen Medien. Der Aspekt der Rezeption ist natürlich mit den Bedingungen der Produktion verbunden. Die Realität der Massenmedien, die von ihnen produzierten virtuellen Welten, können nicht angemessen nach den Kriterien wahr oder falsch beurteilt werden. Entscheidend ist vielmehr ihre Überzeugungskraft, für die sie nicht in allen Aspekten wahr sein müssen. Für diese eher pragmatische Auffassung der Wirklichkeit als Wirksamkeit hat die Phänomenologie den Leitbegriff geliefert. Er lautet »Evidenz« und ist sozusagen die subjektive Seite der Wahrheit. Evidenz ist nicht an Aussagen gebunden und weist verschiedene Grade der Verlässlichkeit auf. Die Evidenz mathematischer Aussagen ist absolut, die Evidenz von Sachverhalten dagegen variiert gemäß der Einstellung des Subjekts. Auf die Gegenstandswahrnehmung bezogen heißt Evidenz: die Erscheinung und nicht die Existenz des Gegenstandes vor Augen zu haben. Erkenntnistheoretisch entspricht diese Position dem hypothetischen Realismus, wie er von den meisten Naturwissenschaftlern vertreten wird.

Für die Forschungspraxis der Medienwissenschaften ergibt sich daraus, Aussagen der Medienmacher und Medienbenutzer über die Bedeutung der Medien für ihr Leben nicht wörtlich zu nehmen. Hier gibt es viel falsches Bewusstsein, das die Wissenschaft nur aufdecken kann, wenn sie im Sinne der phänomenologischen Reduktion, der Einklammerung oder Epoché des natürlichen Weltglaubens, verfährt. Dies in die Praxis umzusetzen ist sicherlich nicht einfach, ist aber von McLuhan exemplarisch durchgeführt worden. Er hat darauf bestanden, dass für die Medien die Inhalte sekundär sind, die Art der Präsentation dagegen alles. Die Methodologie der Medienwissenschaften muss sich daher an den Formproblemen, an dem, was McLuhan gestaltpsychologisch als »Grund und Figur« bezeichnet hat, orientieren. Das setzt voraus, dass Bewusstsein nicht als Behälter aufgefasst wird, sondern als Funktion, in der die Informationen als Erscheinungen erfahren werden. Erscheinung ist kein Ding an sich, aber auch kein Schein, sondern eben Medium, in dem etwas (eine Botschaft) von jemandem (der Redaktion) für jemanden (die Zuschauer) repräsentiert wird. In diesem Sinne kombiniert das Medium Spontaneität und Rezeptivität zu einer Prozessform, die Husserl »Konstitution« genannt hat. Konstitution aber ist nicht identisch mit Konstruktion. Konstitution verweist auf einen Wachstumsprozess, wie die reflexive Form »sich konstituieren« nahelegt. Genau das aber trifft auf die Realität der Medien zu, die wie ein Computerprogramm sich aufbaut und eine Eigenbedeutung gewinnt, die alle Beteiligten in ihren Bann schlägt. Das besagt: Der methodologische Universalitätsanspruch der Phänomenologie als allgemeine Medientheorie gründet sich darauf, dass Bewusstsein das primäre Medium der Erfahrung ist. Wäre Bewusstsein nicht immer schon medial, also dem festen Reiz-Reaktionsschema entwachsen, könnten Menschen keine künstlichen Medien erzeugen und einsetzen, die den Erfahrungshorizont unbegrenzt erweitern.

Phänomenologie und Lebenswelt

Es sieht so aus, als würde Phänomenologie als selbständige Disziplin an den Universitäten verschwinden. Das liegt wohl daran, dass sie einen gewissen theoretischen Abschluss erreicht hat, nach dem die Interpretationen der klassischen Texte sich im Kreise drehen und in Detailanalysen erschöpfen. Dass dem so ist, gehört zur normalen Entwicklung wissenschaftlicher Paradigmen. Damit aber ist das Potenzial der Phänomenologie nicht erschöpft. Wenn man mit dem Wissenschaftshistoriker Thomas Kuhn unter »Paradigma« eine auf einem theoretischen Konzept basierende Forschungstradition mit einer spezifischen Weltsicht versteht, so kann man von einem Paradigmenwechsel innerhalb der Phänomenologie sprechen. Phänomenologie diffundiert in die angrenzenden Disziplinen wie Psychologie, Soziologie und natürlich auch die Medienwissenschaften. Dadurch verliert die Phänomenologie ihre Dogmatik als »strenge Wissenschaft«, und die traditionelle Unterscheidung von Entdeckungs- und Rechtfertigungszusammenhang von Theorien löst sich auf. Das ist keine Revolution, sondern eine Entwicklung, die schon Husserls eigenen Denkweg bestimmt hat, auf dem er die Logik psychologisiert und die Geltung von Aussagen schließlich auf ihre Genesis zurückgeführt. Die Aktualität der Phänomenologie besteht folglich darin, dass entgegen Husserls Letztbegründungsprogramm die Medialität des Bewusstseins der postmodernen Dekonstruktion der Metaphysik gleichkommt. In dieser Form prägt das Medium der Phänomenologie unterschwellig die Lebenswelt, wie sie heute erfahren und praktiziert wird. Phänomenologie als Medientheorie ist zur Denkform geworden, zur modernen Art, in der Welt zu sein.

Zum modernen In-der-Welt-sein gehört die Technisierung der Lebenswelt, die mit der Digitalisierung eine qualitativ neue Stufe erreicht hat, auf der für zukünftige Generationen die traditionelle Opposition von Schein und Wirklichkeit aufgehoben wird. Die Suche nach der wahren Wirklichkeit, die Husserl im Gefolge von Denkern des 19. Jahrhunderts wie etwa Francis

Herbert Bradley (*Appearance and Reality*, 1884) umgetrieben hat, ist nicht zum Ziel gelangt. Aber die Phänomenologie hat der Wirklichkeit eine neue Dimension hinzugefügt, die sich zwischen Vernunftwahrheit und Tatsachenwahrheiten bewegt. In dieser Dimension konnten sich die Neuen Medien zu Schnittstellen entwickeln, an denen virtuelle Bilder zu Umwelten werden, die sich zwanglos in das normale Leben integrieren lassen. Medialisierung erweist sich somit als ein Prozess positiver Rückkopplung von Wille und Vorstellung, durch den die Weltoffenheit des Menschen scheinbar grenzenlos geworden ist. Aber die Einbildungskraft als virtuelle Wirklichkeit kann die brutale Faktizität der Ereignisse nicht völlig aufheben. Die Wissenschaft von der Lebenswelt schließt daher Krisenbewusstsein nicht aus, wie es Husserl selbst in den 1930er Jahren artikuliert hat. Aber allen Krisen und Katastrophen des europäischen Geistes zum Trotz: Phänomenologie steht für kulturelle Integration, so dass Phänomenologie als allgemeine Medientheorie und als globale Kulturtheorie Synonyme sind.

Anhang

Literatur

Die im Text angegebenen Seitenzahlen beziehen sich auf die hier aufgelisteten Ausgaben. Soweit vorhanden, sind für fremdsprachliche Texte die deutschen Übersetzungen aufgeführt.

Werke der klassischen Phänomenologie

Gesamtausgaben

Husserl, E., Gesammelte Werke (Husserliana), Den Haag 1950 ff./Dordrecht 1984 ff. (Hua)

Scheler, M., Gesammelte Werke, Bern 1954 ff.

Heidegger, M., Gesamtausgabe, Frankfurt/M. 1975 ff.

Einzelausgaben

Neben den Gesamtausgaben gibt es zahlreiche klassische Texte in Einzelausgaben, von denen hier die gängigsten, für Studierende einigermaßen erschwinglichen aufgeführt sind.

Edmund Husserl

Die Idee der Phänomenologie, Hamburg 1986.

Philosophie als strenge Wissenschaft, Hamburg 2009.

Logische Untersuchungen, Hamburg 2013. (LU)

Ideen zu einer reinen Phänomenologie, Hamburg 2009.

Cartesianische Meditationen, Hamburg 2012.

Erfahrung und Urteil, hg. von L. Landgrebe, Hamburg 1999.

Max Scheler

Erkenntnis und Arbeit, Frankfurt/M. 1977.

Die Stellung des Menschen im Kosmos, Hamburg 2015.

Das Ressentiment im Aufbau der Moralen, Frankfurt/M. 2004.

Grammatik der Gefühle. Das Emotionale als Grundlage der Ethik, München 2000.
Schriften zur Anthropologie, Stuttgart 1994.

Martin Heidegger
Sein und Zeit, Tübingen 2001. (SuZ)
Was ist Metaphysik?, Frankfurt/M. 1998.
Was heißt Denken?, Stuttgart 1992.
Holzwege, Frankfurt/M. 1994.
Der Ursprung des Kunstwerks, Stuttgart 2001.

Nicolai Hartmann
Grundzüge einer Metaphysik der Erkenntnis, Berlin 1965.
Die Erkenntnis im Lichte der Ontologie, Hamburg 1982.
Ethik, Berlin 1962.

Schüler Husserls und der phänomenologischen Bewegung zugehörige Denker
Becker, O., Beiträge zur phänomenologischen Begründung der Geometrie und ihrer physikalischen Anwendungen, in: Jahrbuch für Philosophie und phänomenologische Forschung, Tübingen 1973.
Fink, E., Nähe und Distanz, Freiburg/München 2011. (Bd. 1 der Gesamtausgabe)
Geiger, M., Beiträge zur Phänomenologie des ästhetischen Genusses, in: Jahrbuch für phänomenologische Forschung, Halle/Saale 1913.
Gurwitsch, A., Die mitmenschlichen Begegnungen in der Milieuwelt, in: Phänomenologisch-psychologische Forschungen 16, Berlin 1977.
Hildebrand, D. v., Die Idee der sittlichen Handlung, Darmstadt 1969.
Ders., Sittlichkeit und ethische Werterkenntnis. Eine Untersuchung über ethische Strukturprobleme, Darmstadt 1969.
Ingarden, R., Das literarische Kunstwerk. Eine Untersuchung aus dem Grenzgebiet der Ontologie, Logik und Literaturwissenschaft, Tübingen 1960.
Ders., Schriften zur Phänomenologie Edmund Husserls, Berlin 1998. (Gesammelte Werke Bd. 5)
Landgrebe, L., Der Weg der Phänomenologie. Das Problem einer ursprünglichen Erfahrung, Gütersloh 1963.

Ders., Faktizität und Individuation, Hamburg 1982.
Patocka, J., Die natürliche Welt als philosophisches Problem, Phänomenologische Schriften I, Stuttgart 1990; Die Bewegung der menschlichen Existenz, Phänomenologische Schriften II, Stuttgart 1991.
Pfänder, A., Phänomenologie des Wollens. Eine psychologische Analyse. Motive und Motivation, München 1963.
Reinach, A., Die Grundbegriffe der Ethik, in: ders., Sämtliche Werke I, München 1989.
Schapp, W., Beiträge zur Phänomenologie der Wahrnehmung, Frankfurt/M. 2004.
Ders., In Geschichten verstrickt. Zum Sein von Mensch und Ding, Frankfurt/M. 2004.
Schütz, A., Gesammelte Aufsätze I-III, Den Haag 1971.

Französische Phänomenologen

Allgemein

Waldenfels, B., Phänomenologie in Frankreich, Frankfurt/M. 1998.

Jean-Paul Sartre

Die Transzendenz des Ego. Philosophische Essays 1931-1939, Reinbek bei Hamburg 1997.
Das Imaginäre. Phänomenologische Psychologie der Einbildungskraft, Reinbek bei Hamburg 1980.
Das Sein und das Nichts. Versuch einer phänomenologischen Ontologie, Reinbek bei Hamburg 1993. (SN)
Bewußtsein und Selbsterkenntnis. Die Seinsdimension des Subjekts, Reinbek bei Hamburg 1973.
Der Existentialismus ist ein Humanismus und andere philosophische Essays, Reinbek bei Hamburg 2002.
Ein Lesebuch mit Bildern, Reinbek bei Hamburg 2005.

Maurice Merleau-Ponty

Die Phänomenologie der Wahrnehmung, Berlin/München 1974.
Die Struktur des Verhaltens, Berlin/New York 1976.

Das Auge und der Geist, Hamburg 2003.
Der Primat der Wahrnehmung, Frankfurt/M. 2003.

Emmanuel Lévinas

Die Spur des Anderen. Untersuchungen zur Phänomenologie und Sozialphilosophie, Freiburg/München 2001.

Totalität und Unendlichkeit. Versuch über die Exteriorität, Freiburg/München 2002.

Jenseits des Seins oder anders als Sein geschieht, Freiburg/München 2002.

Jacques Derrida

Die Stimme und das Phänomen. Ein Essay über das Problem des Zeichens in der Philosophie Husserls, Frankfurt/M. 1979.

Die Schrift und die Differenz, Frankfurt/M. 1972.

Paul Ricœur

Die Interpretation. Versuch über Freud, Frankfurt/M. 1969.

Das Selbst als ein Anderer, München 1996.

Vom Text zur Person. Hermeneutische Aufsätze (1970-1999), Hamburg 2005.

Gedächtnis, Geschichte, Vergessen, München 2004.

Michel Henry, Jean-Luc Marion, Marc Richir

Henry, M., Radikale Lebensphänomenologie. Ausgewählte Studien zur Phänomenologie, Freiburg/München 1992.

Ders., Die Barbarei. Eine phänomenologische Kulturkritik, Freiburg/München 1994.

Marion, J.-L., Die Öffnung des Sichtbaren, Paderborn 2005.

Ders., Réduction et donation. Recherches sur Husserl, Heidegger et la phénoménologie, Paris 1989.

Richir, M., Phänomenologische Meditationen. Zur Phänomenologie des Sprachlichen, Wien 2001.

Ders., Das Abenteuer der Sinnbildung. Aufsätze zur Phänomenalität der Sprache, Wien 2000.

Zeitschriften, Buchreihen, Lexika/Handbücher

Zeitschriften

Philosophy and Phenomenological Research, New York 1940/41 ff.
Phänomenologische Forschungen, Freiburg/München 1975-2000; Neue Folge: Hamburg 2001 ff.
Husserl Studies, Dordrecht 1984 ff.
Heidegger-Studien/Heidegger Studies, Berlin 1985 ff.
Journal Phänomenologie, Wien 1996 ff.
Phenomenology and the Cognitive Sciences, Dordrecht 2002 ff.
Studia Phaenomenologica, Bukarest 2001 ff.

Buchreihen

Phaenomenologica, Den Haag 1958 ff.
Analecta Husserliana. Yearbook of Phenomenological Research, Dordrecht 1971 ff.
Contributions to Phenomenology, Dordrecht 1989 ff.
Phänomenologische Untersuchungen, München 1995 ff.
Reihe der Österreichischen Gesellschaft für Phänomenologie, hg. von H. Vetter, Frankfurt/M. 1998 ff.
Orbis Phaenomenologicus. Perspektiven – Quellen – Studien, Würzburg 2002 ff.

Lexika, Handbücher

Schuhmann, K. (Hg.), Husserl-Chronik. Denk- und Lebensweg Edmund Husserls, Den Haag 1977.
Thomä, D. (Hg.), Heidegger-Handbuch. Leben – Werk – Wirkung, Stuttgart/Weimar 2003.
Vetter, H. (Hg.), Wörterbuch der phänomenologischen Begriffe, Hamburg 2005.
Ders., Grundriss Heidegger. Ein Handbuch zu Leben und Werk, Hamburg 2015.

Phänomenologische Gesellschaften (mit Internet-Adressen)

Deutsche Gesellschaft für phänomenologische Forschung

http://www.phaenomenologische-forschung.de/
Gesellschaft für Neue Phänomenologie (Kiel) www.gnp-online.de
British Society for Phenomenology www.siue.edu/BSP
The Phenomenological Association of Japan
www.soc.nii.ac.jp/paj2/index-e.html
Nordic Society for Phenomenology www.helsinki.fi/filosofia/nsp
Österreichische Gesellschaft für Phänomenologie http://phaidon.philo.at/~oegesph
Society for Phenomenology and Existential Philosophy www.spep.org
Heidegger-Gesellschaft www.heidegger.org/gesellschaft
Max-Scheler-Gesellschaft www.max-scheler.de

Literaturhinweise nach Kapiteln

Einleitung: Annäherungen an die phänomenologische Philosophie

Zahavi, D., Phänomenologie für Einsteiger, Würzburg 2007.

Waldenfels, B., Einführung in die Phänomenologie, München 2001.

Vom Neukantianismus aus

Hossenfelder, M., Kants Idee der Transzendentalphilosophie und ihr Mißbrauch in Phänomenologie, Historik und Hermeneutik, in: Ingeborg Heidemann/Wolfgang Ritzel (Hg.), Beiträge zur Kritik der reinen Vernunft 1781-1891, Berlin/New York 1981.

Von der Hermeneutik aus

Misch, G., Lebensphilosophie und Phänomenologie. Eine Auseinandersetzung der Diltheyschen Richtung mit Heidegger und Husserl, Darmstadt 1967.

Jung, M., Hermeneutik zur Einführung, Hamburg 2001.

Von der Wissenschaftstheorie aus

Ströker, E. (Hg.), Lebenswelt und Wissenschaft in der Philosophie Edmund Husserls, Frankfurt/M. 1979.

Gethmann, C.F. (Hg.), Lebenswelt und Wissenschaft. Studien zum Verhältnis von Phänomenologie und Wissenschaftstheorie, Bonn 1991.

Von der Sozialphilosophie aus

Schütz, A., Der sinnhafte Aufbau der sozialen Welt. Eine Einleitung in die verstehende Soziologie, Frankfurt/M. 1974.

Grathoff, R./Waldenfels, B. (Hg.), Sozialität und Intersubjektivität, München 1983.

Von der Sprachphilosophie aus

Dummett, M., Ursprünge der analytischen Philosophie, Frankfurt/M. 1988.

Schnädelbach, H., Phänomenologie und Sprachanalyse, in: Allgemeine Zeitschrift für Philosophie 25, Heft 1, 2000.

1. Die Idee der Phänomenologie: Strukturwissenschaft des Bewusstseins

Adorno, Th. W., Zur Metakritik der Erkenntnistheorie. Studien über Husserl und die phänomenologischen Antinomien, Frankfurt/M. 1970.

Bernet, R./Kern, I./Marbach, E., Edmund Husserl. Darstellung seines Denkens, Hamburg 1996.

Blumenberg, H., Die Lesbarkeit der Welt, Frankfurt/M. 1981.

Breda, H.L. van u.a. (Hg.), Edmund Husserl 1859-1959 (Gedenkschrift zum 100. Geburtstag), Den Haag 1959.

Carnap, R., Der logische Aufbau der Welt, Hamburg 1998.

Dreyfus, H.L., Phenomenological Description versus Rational Reconstruction, in: Revue Internationale de Philosophie 55, 2001.

Herrmann, F.-W. v., Der Begriff der Phänomenologie bei Heidegger und Husserl, Frankfurt/M. 1981.

Jamme, Ch./Pöggeler, O. (Hg.), Phänomenologie im Widerstreit. Zum 50. Todestag Edmund Husserls, Frankfurt/M. 1989.

Kraft, J., Von Husserl zu Heidegger. Kritik der phänomenologischen Philosophie, Hamburg 1977.

Krämer, S. (Hg.), Bewußtsein, Frankfurt/M. 1996.

Landgrebe, L., Husserls Phänomenologie und die Motive zu ihrer Umbildung, in: Der Weg der Phänomenologie, Gütersloh 1963.

Metzinger, Th. (Hg.), Bewußtsein, Paderborn 2005.

Natorp, P., Allgemeine Psychologie nach kritischer Methode. Erstes Buch: Objekt und Methode der Psychologie, Tübingen 1912.

Sepp, H.-R. (Hg.), Husserl und die phänomenologische Bewegung. Zeugnisse in Text und Bild, Freiburg/München 1988.

Spiegelberg, H., The Phenomenological Movement. A Historical Introduction. Third revised and enlarged edition. With collaboration of Karl Schuhmann (Phaenomenologica 5/6), Den Haag 1982.
Stenger, G., Philosophie der Interkulturalität. Erfahrung und Welten. Eine phänomenologische Studie, Freiburg/München 2006.
Stumpf, C., Zur Einteilung der Wissenschaften, Berlin 1906.
Szilasi, W., Einführung in die Phänomenologie Edmund Husserls, Tübingen 1959.

2. Die Anfänge: Der Kampf um den wahren Positivismus

Dreyfus, H.L./Hubert, L./Hall, H. (Hg.), Husserl, intentionality, and cognitive science, Cambridge 1982.
Drüe, H., Edmund Husserls System der phänomenologischen Psychologie, Berlin 1963.
Herzog, M., Phänomenologische Psychologie. Grundlagen und Entwicklungen, Heidelberg 1992.
James, W., The Principles of Psychology, New York 1950.
Loh, W./Kaiser-el-Safti, M., Die Psychologismus-Kontroverse, Göttingen 2011.
Lübbe, H., Positivismus und Phänomenologie. Mach und Husserl, in: Bewußtsein in Geschichten, Freiburg 1972.
Münch, D., Intention und Zeichen. Untersuchungen zu Franz Brentano und zu Edmund Husserls Frühwerk, Frankfurt/M. 1993.
Peirce, Ch. S., Die Festlegung einer Überzeugung, in: Texte zur Philosophie des Pragmatismus, Stuttgart 1975.
Ryle, G., Phenomenology and Linguistic Analysis, in: neue hefte für philosophie, Heft 1: Phänomenologie und Sprachanalyse, Göttingen 1971.
Searle, J.R., Intentionalität. Eine Abhandlung zur Philosophie des Geistes, Frankfurt/M. 1987.
Soldati, Gianfranco, Bedeutung und psychischer Gehalt. Zur sprachanalytischen Kritik von Husserls früher Phänomenologie, München u.a. 1994.
Sommer, M., Husserl und der frühe Positivismus, Frankfurt/M. 1985.
Staudigl, M., Die Grenzen der Intentionalität, Würzburg 2003.
Tugendhat, E., Phänomenologie und Sprachanalyse, in: R. Bubner u.a. (Hg.), Hermeneutik und Dialektik, Bd. II, Tübingen 1970.

3. Phänomenologische Reduktion: Die Faszination der Möglichkeiten
Aguirre, A., Genetische Phänomenologie und Reduktion. Zur Letztbegründung der Wissenschaften aus der radikalen Skepsis im Denken Edmund Husserls, Den Haag 1970.
Fellmann, F., Phänomenologie und Expressionismus, Freiburg u.a. 1982.
Ders., Phänomenologie als ästhetische Theorie, Freiburg/München 1989.
Fink, E., Die phänomenologische Philosophie Edmund Husserls in der gegenwärtigen Kritik (1933), in: Studien zur Phänomenologie 1930-1939, Den Haag 1966.
Gehring, P., Ist Phänomenologie eine Wirklichkeitswissenschaft?, in: fenomenologia 6/228, 25-42.
Kern, I., Husserl und Kant, Den Haag 1964.
Lembeck, K.-H., Einführung in die phänomenologische Philosophie, Darmstadt 1994.
Mertens, K., Zwischen Letztbegründung und Skepsis. Kritische Untersuchungen zum Selbstverständnis der transzendentalen Phänomenologie Edmund Husserls, Freiburg 1996.
Mohanty, J.N., Logic, Truth and the Modalities from a Phenomenological Perspective, Dordrecht u.a. 1999.
Pauen, M. (Hg.), Phänomenologisches Bewusstsein – Rückkehr zur Identitätstheorie?, Paderborn 2002.
Rinofner-Kreidl, S., Edmund Husserl. Zeitlichkeit und Intentionalität, Freiburg/München 2000.
Schopenhauer, A., Vom Primat des Willens im Selbstbewußtsein, in: Die Welt als Wille und Vorstellung, Bd. II, Frankfurt/M. 1986.
Tugendhat, E., Der Wahrheitsbegriff bei Husserl und Heidegger, Berlin u.a. ^{2}1970.

4. Phänomenologie des emotionalen Lebens
Bermes, Ch./Henckmann, W./Leonardy, H. (Hg.), Person und Wert. Schelers Formalismus – Perspektiven und Wirkungen, Freiburg i. Br. 2000.
Bermes, Ch./Henckmann, W./Leonardz (Hg.), Vernunft und Gefühl. Schelers Phänomenologie des emotionalen Lebens, Würzburg 2003.
Cusinato, G., Person und Selbsttranszendenz. Ekstase und Epoché des Ego als Individuationsprozesse bei Schelling und Scheler (Orbis Phaenomenologicus, Studien 29), Würzburg 2012.

Cusinato, G. (Hg.), The Emotional Turn and the Process of Individuation of the Person in Max Scheler, in: »Thaumàzein«, (3) 2015.
Damasio, A. R., Ich fühle also bin ich. Die Entschlüsselung des Bewusstseins, München 2000.
Good, P. (Hg.), Max Scheler im Gegenwartsgeschehen der Philosophie, Bern/München 1975.
Großheim, M., Ludwig Klages und die Phänomenologie, Berlin 1994.
Hartmann, M., Gefühle. Wie die Wissenschaften sie erklären, Frankfurt a. M. 2005.
Frankfurt, H. G.: Gründe der Liebe, Frankfurt a. M. 2005.
Henckmann, W., Max Scheler, München 1998.
Kuhn, H. u.a. (Hg.), Die Münchener Phänomenologie, Den Haag 1975.
Orth, E.W./Pfafferott, G. (Hg.), Studien zur Philosophie von Max Scheler, in: Phänomenologische Forschungen 28/29, Freiburg/München 1994.
Putnam, H., Von einem realistischen Standpunkt. Schriften zur Sprache und Wirklichkeit, Reinbek 1993.
Schloßberger, M., Die Erfahrung des Anderen. Gefühle im menschlischen Miteinander, Berlin 2005.
Stoller, S./Vetter, H. (Hg.), Phänomenologie und Geschlechterdifferenz, Wien 1997.
Vendrell Ferran, I., Die Emotionen. Gefühle in der realistischen Phänomenologie, Berlin 2008.
Zahavi, D., Self and Other. Exploring Subjectivity, Empathy, and Shame, Oxford University Press 2014.

5. Von den möglichen Welten zum In-der-Welt-sein

Arendt, H., Was ist Existenzphilosophie?, Frankfurt/M. 1990.
Averkorn, L., Sorge und Verschwendung. Pragmatische Interpretationen zu Martin Heidegger und Friedrich von Gottl-Ottlilienfeld, Münster/New York 1996.
Biemel, W., Martin Heidegger in Selbstzeugnissen und Bilddokumenten, Hamburg 1973.
Binswanger, L., Grundformen und Erkenntnis menschlichen Daseins, München [3]1973.
Carnap, R., Überwindung der Metaphysik durch logische Analyse der Sprache, in: Cristin, R. (Hg.), Edmund Husserl – Martin Heidegger, Phänomenologie (1927), Berlin 1999.

Fischer, K.R. (Hg.), Österreichische Philosophie von Brentano bis Wittgenstein, Wien 1998.

Gethmann, C.F., Dasein: Erkennen und Handeln. Heidegger im phänomenologischen Kontext, Berlin/New York 1993.

Imdahl, G., Das Leben verstehen. Heideggers formal anzeigende Hermeneutik in den frühen Freiburger Vorlesungen (1919-1923), Würzburg 1997.

Keiling, T., Seinsgeschichte und phänomenologischer Realismus. Eine Interpretation und Kritik der Spätphilosophie Heideggers, Tübingen 2015.

Marten, R., Heidegger lesen, München 1991.

Pöggeler, O., Der Denkweg Martin Heideggers, Pfullingen ^{3}1990.

Rentsch, Th. (Hg.), Martin Heidegger. Sein und Zeit, Berlin 2001.

Rickert, H., Kennen und Erkennen, in: Kantstudien, Bd. XXXIX, 1934.

Trawny, P., Martin Heidegger, Frankfurt/M. 2003.

Vetter, H., Wilhelm Dilthey, Martin Heidegger und Heideggers Antisemitismus. Reflexionen und Materialien, in: Divinatio 38/2013-14, 7-64.

6. Phänomenologie der Freiheit

Biemel, W., Jean-Paul Sartre in Selbstzeugnissen und Bilddokumenten, Reinbek bei Hamburg 1993.

Danto, A.C., Sartre, München 1977.

Giuliani, R. (Hg.), Merleau-Ponty und die Kulturwissenschaften, München 2000.

Janicaud, D., Die theologische Wende der französischen Phänomenologie, Wien/Berlin 2014.

Kampits, P., Jean-Paul Sartre, München 2004.

Ders., Grundlose Freiheit, in: Schumacher, B. (Hg.), Das Sein und das Nichts, Berlin 2014, 211-226.

Liebsch, B. (Hg.), Hermeneutik des Selbst – Im Zeichen des Anderen. Zur Philosophie Paul Ricœurs, Freiburg/München 1999.

Mattern, J., Paul Ricœur zur Einführung, Hamburg 1996.

Plessner, H., Zwischen Philosophie und Gesellschaft, Frankfurt/M. 1979.

Suhr, M., Jean-Paul Sartre zur Einführung, Hamburg ^{2}2004.

Stegmaier, W., Emmanuel Levinas zur Einführung, Hamburg 2009.

Todd, J., Idealism and Corporeity: An Essay on the Problem of the Body in Husserls Phenomenology (Phaenomenologica 140), Dordrecht 1997.

Waldenfels, B., Antwortregister, Frankfurt/M. 1994.

7. Lebenswelt und Technisierung

Anders, G., Die Antiquiertheit des Menschen, Bd. I: Über die Seele im Zeitalter der zweiten industriellen Revolution, München 1994.

Bermes, Ch., ›Welt‹ als Thema der Philosophie. Vom metaphysischen zum natürlichen Weltbegriff, Hamburg 2004.

Blumenberg, H., Lebenswelt und Technisierung unter Aspekten der Phänomenologie, in: Filosofia Bd. 14, 1963.

Claesges, U., Zweideutigkeiten in Husserls Lebensweltbegriff, in: Claesges, U./Held, K. (Hg.), Perspektiven phänomenologischer Forschung (Phaenomenologica 49), Den Haag 1972.

Gethmann-Siefert, A./Mittelstraß, J. (Hg.), Die Philosophie und die Wissenschaften. Zum Werk Oskar Beckers, München 2002.

Goodman, N., Weisen der Welterzeugung, Frankfurt/M. 1984.

Ders., Tatsache, Fiktion, Voraussage, Frankfurt/M. 1975.

Grathoff, R., Milieu und Lebenswelt. Einführung in die phänomenologische Soziologie und die sozialphänomenologische Forschung, Frankfurt/M. 1995.

Habermas, J., Theorie des kommunikativen Handelns, Frankfurt/M. 1981.

Hagedorn, L./Sepp, H.-R. (Hg.), Jan Patocka: Texte – Dokumente – Bibliographie, Freiburg/München 1999.

Hamburger, K., Die Logik der Dichtung, Berlin/Frankfurt/M./Wien 1980.

Henry, M., Die Barbarei. Eine phänomenologische Kulturkritik, Freiburg/München 1994.

James, W., The Experience of Activity, in: Essays in Radical Empiricism, New York 1912.

Ders., Das pluralistische Universum, Darmstadt 1994.

Janich, P. (Hg.), Wechselwirkungen. Zum Verhältnis von Kulturalismus, Konstruktivismus und Phänomenologie, Würzburg 1999.

Luhmann, N., Die Lebenswelt – nach Rücksprache mit Phänomenologen, in: Archiv für Rechts- und Sozialphilosophie 72, 1986.

Müller, S., Phänomenologie und philosophische Theorie der Arbeit, Bd. 1: Lebenswelt – Natur – Sinnlichkeit, Freiburg/München 1992; Bd. 2: Rationalität – Welt – Vernunft, Freiburg/München 1994.

Nagel, Th., Der Blick von Nirgendwo, Frankfurt a. M. 2012.

Orth, E.W., Kulturphilosophie und Kulturanthropologie als Transzendentalphilosophie, in: Husserl Studies 4, 1987.

Ders., Edmund Husserls »Krisis der europäischen Wissenschaften und die transzendentale Phänomenologie«. Vernunft und Kultur, Darmstadt 1999.

Rinofner-Kreidl, S., Transzendentale oder hermeneutische Phänomenologie der Lebenswelt? Über Chancen und Gefahren einer reflexiven Analyse, in: Lebenswelten. Ludwig Landgrebe – Eugen Fink – Jan Patocka, Frankfurt a. M. 2003, 115-137.

Rolf, Th., Normalität. Ein philosophischer Grundbegriff des 20. Jahrhunderts, München 1999.

Schnell, M.W., Phänomenologie des Politischen, München 1995.

Sepp, H./Esterbauer, R./Rinofner-Kreidl, S., Phänomenologie und Systemtheorie (Orbis Phaenomenologicus. Perspektiven NF 8), Würzburg 2006.

Steenblock, V., Theorie der kulturellen Bildung. Zur Philosophie und Didaktik der Geisteswissenschaften, München 1999.

Uexküll, J. v., Niegeschaute Welten. Die Umwelten meiner Freunde, Berlin 1936.

Ders., Streifzüge durch die Umwelten von Tieren und Menschen, Hamburg 1956.

Vetter, H. (Hg.), Krise der Wissenschaften – Wissenschaft der Krisis? Im Gedenken an Husserls Krisis-Abhandlung, in: Reihe der Österreichischen Gesellschaft für Phänomenologie 2, Frankfurt/M. 1998.

Welter, R., Der Begriff der Lebenswelt. Theorien vortheoretischer Erfahrungswelt, München 1986.

8. Die Zukunft der Phänomenologie: Eine allgemeine Theorie der Medien

Bergson, H., Materie und Gedächtnis, Frankfurt a. M. 1964.

Ders., H., Essai sur les données immediates de la conscience (dt.: Zeit und Freiheit), Paris 1970.

Dennett, D.C., Consciousness explained, London 1992.

Foucault, M., Die Ordnung der Dinge. Eine Archäologie der Humanwissenschaften, Frankfurt a.M. 1974.

Günzel, S., Phänomenologische Medientheorien, in: Schroeter J. (Hg.), Handbuch Medienwissenschaft, Stuttgart 2014, 60-68.

Haardt, A., Bildbewußtsein und ästhetische Erfahrung bei Edmund Husserl, in: Der Mensch als homo pictor?, hg. von H. Kämpf/R. Schott, Bonn 1995, S. 105-113.

Holenstein, E., Eine Maschine im Geist. Husserlsche Begründung und Begrenzung künstlicher Intelligenz, in: Orth, E. W. (Hg.), Sprache, Wirklichkeit, Bewußtsein. Studien zum Sprachproblem in der Phänomenologie (Phänomenologische Forschungen 21), Freiburg/München 1988.

Krämer, S. (Hg.), Medien, Computer, Realität. Wirklichkeitsvorstellungen und Neue Medien, Frankfurt/M. 1998.

Lembeck, K.-H. (Hg.), Geschichte und Geschichten. Studien zur Geschichtenphänomenologie Wilhelm Schapps, Würzburg 2004.

Leschke, R., Einführung in die Medientheorie, München 2003.

Luhmann, N., Die Realität der Massenmedien, Opladen 1996.

Matzker, R., Das Medium der Phänomenalität, München 1993.

McLuhan, M. and E., Laws of Media. The New Science, Toronto 1988.

McLuhan, M., Das Medium ist die Botschaft, hg. von M. Baltes u.a., Dresden 2001.

Münker, S./Roesler, A./Sandbothe, M. (Hg.), Medienphilosophie. Beiträge zur Klärung eines Begriffs, Frankfurt a.M. 2003.

Schmitz, H., Was ist Neue Phänomenologie?, Rostock 2003.

Vogel, M., Medien der Vernunft. Eine Theorie des Geistes und der Rationalität auf Grundlage einer Theorie der Medien, Frankfurt/M. 2001.

Wälde, M., Husserl und Schapp. Von der Phänomenologie des inneren Zeitbewußtseins zur Philosophie der Geschichten, Basel u.a. 1985.

Epilog

Bühler, K., Die Krise der Psychologie (1929), Frankfurt a.M. 1978.

Fabris, A./Lossi, A./Perone, U. (Hg.), Bild als Prozess. Neue Perspektiven einer Phänomenologie des Sehens, Würzburg 2011.

Fellmann, F., Sechzig Jahre danach – Was ist geblieben?, in: Vetter, H. (Hg.), Krise der Wissenschaften – Wissenschaft der Krisis?, Frankfurt a.M. 1998, 75-88.

Gibson, J., Wahrnehmung und Umwelt. Der ökologische Ansatz in der visuellen Wahrnehmung, München 1982.

Heider, F., Ding und Medium, in: Symposion I, 1926, 109-157.

Hering, E., Zur Lehre vom Lichtsinne, Wien 1878.
Lorenz, K., Die Rückseite des Spiegels, München 1997.
Putnam, H., Repräsentation und Realität, Frankfurt a. M.1991.

Ferdinand Fellmann (1939–2019), Studium der Literaturwissenschaft und Philosophie in Münster, Gießen, Pavia und Bochum. 1957 Promotion, 1973 Habilitation. Von 1980 bis 1993 Professor für Philosophie an der Universität Münster, von 1993 bis 2005 Professor für Philosophie und Wissenschaftstheorie an der TU Chemnitz. Arbeitsschwerpunkte: Phänomenologie, Hermeneutik, Lebensphilosophie, Ethik und Philosophische Anthropologie.
Wichtigste Buchveröffentlichungen: Phänomenologie und Expressionismus (1982); Phänomenologie als ästhetische Theorie (1989); Symbolischer Pragmatismus. Hermeneutik nach Dilthey (1991); Lebensphilosophie. Elemente einer Theorie der Selbsterfahrung (1993); Die Angst des Ethiklehrers vor der Klasse. Ist Moral lehrbar? (2000); Philosophie der Lebenskunst (2009); Das Paar. Eine erotische Rechtfertigung des Menschen (2013).